好学篇

王金鑫　编著

不可错过的论语课

人民邮电出版社

北京

图书在版编目（CIP）数据

不可错过的论语课. 好学篇 / 王金鑫编著. -- 北京 ：

人民邮电出版社, 2025. -- ISBN 978-7-115-66153-1

I. B222.2-49

中国国家版本馆 CIP 数据核字第 2025SK0381 号

内 容 提 要

　　"不可错过的论语课"系列图书是为青少年量身打造的国学入门图书，以《论语》为核心文本，深入浅出地阐释了儒家思想中的道德修养和君子风范。这套书不仅仅是对经典文本的解读，更是一次对传统价值观的现代化转换，旨在引导孩子们在成长过程中树立正确的道德观念，培育良好的品格素养。

　　本书为这一系列中的"好学篇"，从《论语》中提炼出孔子关于学习、交友、做人的根本原则，展示了孔子的弟子们不同的性格、思想，以及孔子因材施教、有教无类的教学方法，让孩子们从不同角度理解学习、认同学习，励志好学。书中避免了冗长的学术讲解，而是采用知识拓展的方式，将历史、文化、哲学等元素融入其中，用青少年能读懂的语言进行阐释，让孩子们在了解《论语》的同时，也能开阔视野，增长知识，跨越时间的界限，与古代圣贤进行心灵的对话。

　　本书适合小学高年级至初中阶段的学生阅读，也可以作为亲子共读的读物。

◆ 编　　著　王金鑫
　　责任编辑　高梦涵
　　责任印制　陈　犇
◆ 人民邮电出版社出版发行　　北京市丰台区成寿寺路 11 号
　　邮编　100164　　电子邮件　315@ptpress.com.cn
　　网址　https://www.ptpress.com.cn
　　雅迪云印（天津）科技有限公司印刷
◆ 开本：720×960　1/16
　　印张：16.5　　　　　　　　　　　2025 年 5 月第 1 版
　　字数：185 千字　　　　　　　　　2025 年 9 月天津第 4 次印刷

定价：59.80 元

读者服务热线：(010)81055532　印装质量热线：(010)81055316
反盗版热线：(010)81055315

孔子的名和字

我们每个人都有名字，比如大王老师的名字叫王金鑫，你的名字可能叫李小明。可古人的称呼比我们要复杂得多，他们的名和字是分开的，不会一起并称。

孔子名丘，按照我们现在的称呼方式，就叫孔丘。"丘"是孔子的"名"，古人的名通常是由父亲给取的。等到这个孩子长大了，识字了，他就要给自己取一个"字"，可以在上学的时候让同学们来称呼。孔子的字是仲尼。"仲尼"是什么意思呢？古代人用这样几个字来表示排行，依次是"伯、仲、叔、季"，"伯"是老大，"仲"是老二，"叔"是老三，"季"是老四。聪明的你一定已经猜到了，孔子在家排行老二，所以用了"仲"这个字。至于为什么叫"尼"呢？据史料记载，是因为孔子的父母在"尼丘之山"祈祷后，才生下了孔子，所以孔子名丘，字仲尼。

　　既然孔子叫孔丘，又字仲尼，那为什么现在大家都叫他孔子呢？因为"子"是古代对一个人的尊称，用来称呼老师或有道德、有学问的人。因为孔丘是一位非常了不起的老师，所以被世人称为"孔子"。

孔子的先人

　　孔子的祖先是殷商的后裔，在西周建立时被分封到了宋国。孔子的父亲叫叔梁纥（hé）。大家是不是觉得孔子的父亲应该叫孔梁纥？是不是看到这个"叔"字有些吃惊呢？其实，"叔梁"是孔子父亲的字，"纥"是孔子父亲的名。孔子的父亲也姓孔，孔是他们的"氏"。姓氏，

也就是"姓"和"氏"，在先秦时期是有明显区别的。很多人都是既有"姓"，又有"氏"。孔子家的"姓"是"子"。所以我们如果要完整地介绍孔子的话，可以这样说：他是子姓，孔氏，名丘，字仲尼，被后人尊称为"孔子"。

孔子的成长经历

说到孔子的成长经历，大王老师要再给大家讲讲孔子的父亲叔梁纥了，他是鲁国有名的大力士。相传，偪阳之战时，当鲁国兵士攻入偪阳城时，守城的人突然把城门上吊起的悬门放下，欲截断攻城队伍。此时叔梁纥及时赶到，用手托起悬门，使先入城的队伍能够退出，避免了伤亡。

这位力大无比的贵族后裔，为了把自己贵族的身份传下去，很想要一个儿子。这里大王老师要解释一下，虽然大王老师也觉得不公平，但是那个时候贵族的身份是传男不传女的。可是，天不遂人愿，叔梁纥的妻子一连生了九个女儿。叔梁纥只好又娶了一位妻子。第二位妻子终于生下了一个男孩，叫孟皮。可是，孟皮天生残疾，残疾的孩子也无法继承他贵族的身份。于是叔梁纥只好再找一个女子来给自己生孩子。此时叔梁纥已经六十多岁了。他找来的这个女子叫颜徵（zhēng）在，当时还不到二十岁。两人生下了孔子，孔家的贵族身份终于有人继承了。

六十多岁在今天还不算老，甚至可以说只是中老年而已，可在当时已经是很大很大的年纪了。孔子三岁时，叔梁纥就去世了。孔子的母亲不是正妻，所以不久就离开了家。颜徵在带着孔子回到了娘家，同时也让孔子遇到了自己人生中的一位非常重要的老师——他的外公颜襄。

今天的老师教大家语文、数学、英语、音乐、美术、体育等。春秋时期的读书人也有必须要学习的科目，叫六艺。六艺是礼、乐、射、御、书、数，即礼节、音乐、射箭、驾车、写字和数学。颜襄在孔子很小的时候就开始教他学习六艺，为他获得广博的学识和高尚的品德打下了很好的基础。

颜襄临终前，曾摸着孔子的头说："孙儿，你要坚持下去，努力学习，还要时刻反省自己是否拥有了君子应该有的品德。可惜啊，可惜，外公看不到你功成名就的那一天了。"

正如颜襄所说，他没能亲眼看到孔子的成就。大王老师猜，他应该不会想到，自己的孙儿不仅成了一位君子，还成了一位德高望重的老师，甚至在未来的几千年里都深深地影响着中国的文化。

孔子跟着外公学了一身本事，但他却不是个文弱书生。据说，他

的身高有一米九六左右，是一个名副其实的山东大汉。

孔子十几岁时，他的母亲也去世了。此后两年间，孔子孤苦无依、生活困顿。

直到十九岁，孔子娶亲啦！他娶了宋国亓（qí）官氏的一个姑娘，第二年生下了他唯一的儿子孔鲤。这一年，正是孔子的及冠之年，这代表他真正成人了，开启了追求梦想的新征程！

虽然一开始，孔子并没有获得很好的机会——他去给鲁国贵族季孙氏管理粮仓，但他凭本事把这份工作做得很好；之后他由管粮食"升级"到管牲畜，做了一个管放牧的小官。这是孔子"入世"的起点，但远不是他创造巨大成就的终点。

在此后的五十多年里，孔子开始将过往所学付诸实践，行君子之道，并力图恢复周公之治。虽然历经了无数挫败、打击，但孔子始终没有放弃对理想的坚守与实践，他的儒家思想也开始在中华大地上传播……

孔子的成就

孔子是春秋末期的思想家，也是政治家和教育家。他是儒家学派的创始人。

孔子与《论语》

就像大王老师的课被编成了一本书一样，孔子说的话也被编成了一本书，这本书就是《论语》。《论语》是记录孔子及其弟子言行的一本书。

大王老师的总结

今天我们学习了孔子的生平，知道了孔子是中华文化中非常重要的一个人物。他是春秋末期的思想家、政治家、教育家，是儒家学派的创始人——这些重要的知识你记住了吗？

那么《论语》跟孔子到底是什么样的关系呢？下一讲我们将一起走进这本神奇的书——《论语》。

前言二
《论语》是什么

儒

上一讲我们提到孔子是儒家学派的创始人。大家跟大王老师一起来看看这个"儒"字。"儒"是一个形声字，从"人"，"需"声，说明"儒"跟人的行为或特性有关。实际上，"儒"本义指的是术士，即熟悉诗书礼乐而为贵族服务的人，是春秋时从巫、史、祝、卜中分化出来的。可以说，"儒"本来是一种"职业"，后来经过孔子的演绎，才变成了一个思想流派。

百家争鸣的春秋战国时期

春秋战国时期是一个混乱的年代。当时，有很多有志之士都站了出来，希望能用自己的思想改变当时动荡的局势，让百姓过上安定的生活。有句话叫"百花齐放，百家争鸣"，用来形容这个时代是非常合适的。

　　在这个百家争鸣的时期，出现了很多伟大的思想家，他们提出了很多伟大的思想。道家的代表人物是老子和庄子。道家主张无为而治、

顺其自然。法家的代表人物是韩非和商鞅，韩非因为自己的卓越成就，被世人称为"韩非子"。跟道家相反，法家强调必须对民众进行严格的法律管理。兵家的代表人物是孙武和孙膑，孙武的《孙子兵法》和孙膑的《孙膑兵法》是展示兵家思想的重要著作。那么，兵家管什么呢？他们主要管打仗。纵横家的代表人物是苏秦和张仪，他们都是很厉害的谋士和外交家。杂家的代表人物是吕不韦，他召集门客编写了一本书叫《吕氏春秋》。

独树一帜的儒家学派

那孔子呢？他提出了什么样的思想主张呢？孔子兼顾了方方面面的利益，既考虑到了统治阶级的立场，又兼顾了百姓的需求，既不学道家的无为而治，也不用法家的严刑酷法，而是强调道德约束。他的主张在众多学派中独树一帜，儒家学派也成为日后对每个国民都影响重大的"国民学派"。

《论语》是谁写的

孔子作为国民导师，他的一言一行都凝聚了其思想的精华。《论语》就是孔子思想的记录，是儒家学说的重要著作。那么是谁做了这些记录呢？

　　相传孔子有弟子三千，也就是有三千名学生。在这三千名学生中有七十二名被称为"贤人"，差不多就是我们现在说的"学霸"。这么多的学生跟随孔子学习，肯定要记笔记啊。他们就把孔子说的话记下来，回去反复地研究。孔子讲究"因材施教"，所以他面对不同的学生说的话也不一样；对于同一个学生，在不同的学习阶段他说的话也不同。那么问题来了，既然是不同的学生所记下的不同的笔记，那这些笔记是怎么变成一本书的呢？

　　孔子去世后，他的弟子们都聚集在孔林，为孔子守孝三年。三年，这可就是一千多天啊，这些爱学习的人也不能光守孝什么也不做啊。于是，大家一商量，得了，咱们把跟着老师做的课堂笔记整理成书吧，

再出版出来,让天下人都知道老师的思想。于是就有了《论语》这本书。

《论语》里有什么

我们现在看到的《论语》有二十篇,每篇都是从文中的第一句话里选择两三个字作为篇名,比如第一篇《学而》,第二篇《为政》等。《论语》是记录孔子及其弟子言行的一本书。

《论语》以孔子作为描述的中心,书中对孔子的仪态举止和个性气质都有生动细腻的描述,同时还刻画了孔子许多弟子的形象,比如率直鲁莽的子路、温雅贤良的颜回、聪明善辩的子贡、潇洒脱俗的曾皙,无一不个性鲜明,令人印象深刻。孔子因材施教,面对不同的教育对象,会考虑对方的优缺点和进德修业的具体情况,从而给出不同的教育方式。这种"区别对待"表现了他诲人不倦的可贵精神。

《论语》的地位

《论语》与《大学》《中庸》《孟子》合称为"四书"。我们经常听到的"四书五经",指的是"四书"再加上《诗经》《尚书》《礼记》《易经》《春秋》这"五经"。"四书五经"在中国传统文化中占据着相当重要的地位。

有句话叫"半部《论语》治天下",这当然是一种夸张的说法,

但却可以从中看出《论语》在儒家学子心中的分量。《论语》的思想不局限于治国，更是关于人生的学问。所谓"修身、齐家、治国、平天下"，要想治国先要正人正己。《论语》最重要的功用便是教我们如何做人，这也是《论语》中一个很精妙的话题。

《论语》提倡终身学习，并且认为学习不能停留在书本上，实践也同样重要。《论语》也教我们如何择友，如何律己，如何与这个社会和谐共处。所以大王老师希望能带着大家一起读懂《论语》，共同进步，提高我们的修为。

大王老师的总结

　　《论语》是春秋时期的思想家、政治家、教育家孔子的弟子及其再传弟子，记录孔子及其弟子的言行而编成的语录文集。全书一共有二十篇、四百九十二章，以语录体为主，叙事体为辅，比较集中地体现了孔子及儒家学派的政治主张、伦理、思想、道德观念以及教育原则。大家要记得复习哟。

目 录

学而篇

目录

为政篇

目录

目录

学而不思则罔，思而不学则殆

学而篇

01

开宗明义: 学习、交友、做人的根本原则

通读正音

子曰:"学而时习之,不亦说(yuè)乎?有朋自远方来,不亦乐乎?人不知而不愠(yùn),不亦君子乎?"

疏通文义

"子曰"中的"子"是古代对男子的尊称,这里指的是孔子。在《论语》当中,"子曰"中的"子"都是专指孔子,"曰"就是"说"的意思。

"学而时习之"中的"时"是指在一定的时候,"习"是实习、演习的意思,"时习"就是在一定的时候去实践它。"不亦说乎"中

的"说"同"愉悦"的"悦"，是愉快的意思，这是一个通假字。这句话的意思是：学习了，并在一定的时候去实践它，不是很愉快吗？

"朋"指的是志同道合的人，"乐"就是快乐的意思。这句话的意思是：有志同道合的人从远方来，不是很快乐的吗？

"人不知"的意思是别人不了解你，"知"是了解的意思。"而"是连词，表示转折。"愠"指的是生气。"亦"是也的意思。"君子"在这里指的是有才德的人。这句话的意思是：别人不了解你，你却不生气，不也是一位有修养的君子吗？

整体翻译

孔子说："学习了，并在一定的时候去实践它，不是很愉快吗？有志同道合的人从远方来，不是很快乐的吗？别人不了解你，你却不生气，不也是一位有修养的君子吗？"

领悟真义

《学而篇》是《论语》的第一篇。我们平时写作文的时候常用的一种开头方式叫"开门见山"，就是一开始就把自己要写什么交代清楚。"开宗明义"跟"开门见山"很像，是指说话或写文章时，一开头就说明目的和主要意思。在大王老师看来，《学而篇》就是在为《论语》开宗明义。孔子在这几句话中，为我们讲明了三件事：学习方法、交友之道和处世态度。

孔子告诉大家的学习方法是"学而时习之"，也就是要学习并进行实践。而且他还说你要是在一定的时候实践了，就会非常高兴，叫"不亦说乎"。有的同学这会儿可能心里要开始犯嘀咕了："大王老师你是认真的吗？实践还能让人高兴？"实践当然能让人高兴了！大家可以想想看，你有没有学过某种技能，比如骑自行车、游泳之类的，或者是某个类型的题目的解题方法，又或者是一篇古文或者一首诗词。老师或者教练为你讲解示范的过程就是你"学"的过程。如果你在学会之后，进行实际运用，那么不管是技能、解题方法，还是古诗文，就成了你自己掌握和擅长的东西。那当你非常自如地骑着自行车感受着身旁吹过的微风，当你在泳池中如游鱼一般前进，当你顺利地解出题目，当你将诗文倒背如流时，你难道不是非常高兴吗？

孔子告诉大家的交友之道是"有朋自远方来"，并且说这样你就会很快乐。这句话可太逗了，这朋友离得近了还不行，非得"自远方来"。你是不是这样想的？快打住，你这可就误会了。这句话的重点是"朋"，也就是志同道合的人。什么是志同道合啊？就是说和你有一样的理想和志向，或者是和你有一样的爱好和职业。总之，就是和你有共同话题，能玩儿到一起去。想想看，如果你非常喜欢钢铁侠，刚好你的一个同学也很喜欢他，那你们是不是非常容易成为好朋友呢？如果你邀请这个同学来家里看你收藏的钢铁侠手办，那即使他家离你家很远，他应该也会央求父母带他来吧。当然这只是举了个例子，孔子说的"志"和"道"，肯定不是约着一起看手办这么简单，可能是乐于助人、待人宽厚、勤奋学习等。

孔子告诉大家的处世态度是"人不知而不愠"，并且说这样才是君子所为。在孔子眼中，修身和别人是否了解自己没有关系。修身是为了提高自己的修养，让自己更好地与人相处，而不是为了得到赞美。不求赞美只是第一步，接下来还要能承受别人的误解，即使没有得到公正的评判也绝不放弃对自己的道德要求。什么？做好事不求表扬？被误会也不生气？真的有这样的"傻瓜"吗？历史上还真有这样的"傻瓜"，他就在大王老师接下来要讲的这个故事里。

知识拓展

负荆请罪

　　战国时期，赵国有一个叫蔺相如的丞相，由于他护驾有功，官职一路飙升。这引起了大将军廉颇的嫉妒和不满，因此他处处跟蔺相如作对。但面对廉颇的无理取闹，蔺相如只是笑而避之。最后廉颇意识到自己做得不对，对于蔺相如如此宽宏大量深感惭愧，于是背着荆条上门请罪。从此两个人联手一起为赵国效力。这就是负荆请罪的故事。这也验证了《论语》中这句"人不知而不愠，不亦君子乎"的深刻道理。

02

为人孝顺，做人诚信

通读正音

有子曰："其为人也孝弟（tì），而好（hào）犯上者，鲜（xiǎn）矣（yǐ）；不好犯上，而好作乱者，未之有也。君子务本，本立而道生。孝弟（tì）也者，其为仁之本与（yú）！"

疏通文义

"有子"是孔子的弟子，姓有，名若，字子有。"子"是一种尊称，在《论语》中，除了孔子之外，曾参和有若也多次被称为"子"。据说曾参和有若参加了《论语》的主要编写工作，所以才获得了这样的地位。

"孝"指的是古代子女对父母的正确态度。"弟"同"悌"，指的是对兄长的正确态度。"好"读四声，是喜欢的意思。"犯上"指的是冒犯在上位的人，也就是冒犯上级。"鲜"是少的意思。这句话的意思是：如果这个人孝顺父母、顺从兄长，却喜欢冒犯上级，这样的人是非常少见的。

"作乱"是造反的意思。"未之有"是一个倒装句，也叫作宾语前置句，正常语序应该是"未有之"，意思是从来没有这样的人。这句话的意思是：不喜欢冒犯上级，却喜欢造反的人是没有的。

"务本"是致力于打好基础的意思。"道"在中国古代思想里有很多含义，这里的"道"指的是孔子提倡的人道，简单来说就是做人、治国的基本原则。这句话的意思是：君子专心致力于打好基础，基础树立了，做人、治国的原则就有了。那基础的事物是什么呢？答案在下一句中。

"与"即"欤"，读二声，是表示疑问的语气助词。"孝弟也者，其为仁之本与"的意思是说：孝顺父母、顺从兄长，这就是"仁"的根本。孔子主张"仁"，"仁"在孔子的思想中代表最高道德。换句话说，孔子认为君子要专心致力于打好基础，基础树立了，"道"就会产生。孝顺父母、敬爱兄长，这就是"仁"的基础。

整体翻译

有子说："如果这个人孝顺父母、顺从兄长，却喜欢冒犯上级，这样的人是非常少见的。不喜欢冒犯上级，却喜欢造反的人是没有的。君子专心致力于打好基础，基础树立了，做人、治国的原则就有了。孝顺父母、顺从兄长，这就是'仁'的根本。"

领悟真义

有子认为，人们如果能够在家里对父母尽孝、对兄长顺服，那么他在外面就可以对国家尽忠。忠是以孝悌为前提的，而孝悌是以忠为目的的。所以，在两千多年前，儒家就认为：在家中实行孝悌，那么统治者内部就不会发生犯上作乱的事情。如果把这种理念推广到民众中去，民众也绝对会服从，而不会起造反之心，这样就可以维护国家和社会的稳定了。

03
不做巧言令色的人

子曰："巧言令色，鲜（xiǎn）矣仁！"

疏通文义

"巧"是好的意思，"令"是美的意思。"巧言令色"的意思是说着花言巧语，装出和颜悦色的样子。这样的人非常虚伪，可以说是见人说人话，见鬼说鬼话。

"鲜"是少的意思，"鲜矣仁"就是仁德之心很少。

整体翻译

孔子说："花言巧语，装出和颜悦色的样子，这种人的仁德之心是非常少的。"

领悟真义

孔子是一个十分注重实践的人，与之相对的，他十分讨厌花言巧语的人，觉得这有悖于仁德。因为真正的仁德，在于内心的修养，在于行动上的表现，唯独不在于嘴上说得好听。

在《论语》后续的学习中，我们可以多次看到，孔子教导弟子们，一定要多做事少说话，要行在前言在后，不要光说不做，也不要说了做不到。这也是对我们的警示和告诫。

知识
拓展

口蜜腹剑

要说巧言令色的代表，唐玄宗时的奸相李林甫必定榜上有名。他经常装作友好和善的样子，嘴里说的都是好听的话，实际上却常常酝酿着害人的阴谋，让人防不胜防。

有一次，李林甫对同僚李适之说："我听说华山出产黄金，这要是能开采，一定能充实国库，可谓利国利民，只可惜陛下还不知道呢。"李适之听说后，连忙上书建议玄宗开采华山金矿。玄宗找来李林甫商议，李林甫这时却说："我早就知道此事了，可华山是陛下龙脉之所在，怎么能随便开采呢？劝您开采的人恐怕不怀好意啊。我几次想把这件事告诉您，都不敢开口。"玄宗听后十分感动，觉得李林甫处处为自己考虑，是一位忠君爱国的好臣子，而对李适之十分不满。

李林甫就是通过这样的手段讨得了唐玄宗的欢心，把自己嫉妒的有才之士拉下马，执掌朝政长达十九年，也加速了盛唐的衰落。可见，巧言令色之人是多么的可怕啊！

04
曾子其人

通读正音

曾（zēng）子曰："吾日三省（xǐng）吾身：为人谋而不忠乎？与朋友交而不信乎？传不习乎？"

疏通文义

曾子，本名曾参（shēn）。据说《论语》主要是由他和有若编写的，所以他在书中被尊称为"曾子"。曾子是鲁国人，他非常孝顺父母，同时也是孔子的得意门生。"三"是多次的意思，在这里是约数，不是实指三次。"省"是检查的意思。这句话的意思是，曾子说："我每天都要多次反省自己。"

那么，反省些什么呢？有三件事。

"为人谋"是为人做事，"忠"是尽心竭力。这句话的意思是：为别人办事，我有没有尽心竭力呢？

"信"按照当时"礼"的规定是守信、诚信的意思。这句话的意思是：我跟朋友交往时有没有做到诚实可信呢？

"传"指的是老师的传授，"习"是温习的意思。这句话的意思是：老师传授给我的学业我是不是温习了呢？

整体翻译

曾子说："我每天都要多次反省自己：为别人办事，我有没有尽心竭力呢？我跟朋友交往时，有没有做到诚实可信呢？老师传授给我的学业，我是不是温习了呢？"

领悟真义

儒家非常重视个人的道德修养，以谋求塑造理想的人。讲到曾子，我们有必要对他做一个深入的了解。

曾子，字子舆，本名曾参，是孔子的得意弟子。他对待自己的母亲极其孝顺。有一天，曾参去山里砍柴，突然有客人来找他。曾参的母亲不知所措，非常着急。她站在门口望着大山，希望儿子早点儿回来。可是，过了很久，曾参还没有回家。于是，她就咬了自己的手指，正在山里砍柴的曾参突然觉得胸口疼，于是赶紧回了家。他一回家就问母亲为什么召唤自己回来。母亲说是因为有客人找他，所以自己就咬手指，提醒曾参回来。我们从这个故事中可以看出，曾参事母至孝，心中常常挂念母亲。

知识
拓展

曾子杀猪

除了孝顺，曾参还很讲诚信，有一个广为流传的"曾子杀猪"的故事说明了这一点。

曾参成年之后，便娶妻生子。一天，曾参的夫人要到集市上去，他的儿子也想跟着一起去。曾参的夫人对儿子说："你呀，不用去，回家以后我就把家里的猪宰了给你吃。"等到夫人从集市上回来，曾参就要杀猪。曾参的夫人说："我只不过是跟孩子开玩笑的。"曾参说："那可不行。孩子没有思考和判断的能力，要向父母学。我们现在要给他正确的教导，如果你骗他，那不就是教孩子骗人吗？所以这猪必须得杀。"

这两个有关曾子的故事，一个体现了他孝顺父母，一个体现了他讲究诚信，可见曾子真正践行着孔子的道德要求。

05

治理国家的基本原则

子曰："道（dǎo）千乘（shèng）之国，敬事而信，节用而爱人，使民以时。"

疏通文义

"子曰"是指孔子说。"道"读三声，同"导"，是引导的意思，因为后面跟着"国"，所以是引导国家。引导国家更好的说法是什么呢？是治理国家。所以"道"在这里翻译成"治理"。"千乘之国"，代指大国。"乘"是"辆"的意思，这里是指古代军队的基层单位。

每辆车由四匹马来拉车，车上有三名士兵，车下有七十二名步兵，还配有二十五名后勤人员。所以有一辆车，就有一百名士兵。这个"千乘之国"，字面上指的是拥有一千辆战车的国家，实际上这已经是挺大的诸侯国的规模了。

"敬事"指的是对待所从事的事务要谨慎专一、兢兢业业。不仅如此，还要"信"，就是说还要讲诚信。

"节用"是节约用度的意思。"爱人"里的"人"和"民"对言，指的是士大夫以上各阶层的人，这些人都是有地位的人。"节用爱人"的意思是：节约财政开支，并且爱护你的官吏、臣僚。

"使民以时"中，"使"是役使；"民"与上面的"人"相对，是指百姓；"以"是按照的意思；"时"是农时。整体是说：役使百姓要按照农时。古代以农业为主，所以孔子说让老百姓为国家干活的时候，不能耽误人家种地，不能耽误人家收获。

整体翻译

孔子说："治理一个拥有一千辆兵车的诸侯国，要严谨认真地办理事情，同时要守信用、诚实无欺；还要节约开支并且爱护你的官吏；在役使老百姓的时候，不要耽误他们的农时。"

领悟真义

　　孔子的这个观点主要是针对国家的执政者而言的，是关于治理国家的基本原则。他讲了三个方面：作为统治者，要认真办理国家各方面的事务，要有信用；要节约开支并且爱护官员；役使百姓的时候，不要耽误人家务农。这些是治国安邦的基本要素。

06

教育纷繁，德育优先

子曰："弟子，入则孝，出则弟（tì），谨（jǐn）而信，泛（fàn）爱众，而亲仁，行有余力，则以学文。"

疏通文义

"弟子"有两层意思，一是指学生，二是指年纪小的人或者孩子。学生比较好理解。那为什么"弟子"可以指年纪小的人呢？"弟"对于"兄"来说，是年纪小的人，"子"对于"父"来说也是年纪小的人，所以"弟子"就可以指年纪小的人。我们这里用到的"弟子"的意思就是第二种：年纪小的人，或者是孩子。

　　"入"指在家，"出"指外出拜师学习。"孝"和"弟"（同"悌"）的意思我们前面说过，是孝顺父母、尊重兄长，这里"弟"可以理解为尊重师长。所以"入则孝，出则弟"的意思是：在家的时候，在父母面前必须要孝顺；外出拜师学习的时候，在师长面前要尊敬顺从。

　　"谨"是寡言少语的意思，"信"指诚信，"谨而信"就是：要言行谨慎，别多说话，同时还要诚实可信。

　　"泛"是广泛的意思，"爱众"就是爱大家，"泛爱众"就是说要广泛地去爱大家。"仁"是指有仁德之人，"而亲仁"就是说要亲近那些品德高尚的人。

　　"行有余力"的意思是有闲暇时间或剩余的精力。"则以学文"中，"文"指诗、书、礼、乐等文化知识。也就是说，如果你做到了前面提到的"入则孝，出则弟，谨而信，泛爱众，而亲仁"之后，还有闲暇时间和剩余的精力，那你就可以去学习诗、书、礼、乐等文化知识了。

整体翻译

　　孔子说："年轻人，在父母面前要孝顺，出门在外要顺从师长；言行要谨慎，不要多说话；要诚实可信；要广泛地去爱大家，亲近那些有仁德的人。如果这些都做到了，你还有闲暇时间和剩余的精力，那你就可以去学习诗、书、礼、乐等文化知识了。"

教育有很多不同的分支，有道德教育、审美教育、情感教育、知识教育等。大王老师认为道德教育是最重要的教育，它能培养孩子的德行修养，使我们能与自己、他人，乃至是这个世界和平共处，利己利他。而孔子也把知识教育放在了德育之后，说你要做到了道德上的这些要求——孝顺父母、顺从师长、少言诚信、博爱众人、亲近仁德之人后，还有剩余的时间和精力，就可以去学习"文"。可见德育是教育中的重中之重。

07

发扬优势，改正缺点

子夏曰："贤贤易色；事父母，能竭（jié）其力；事君，能致（zhì）其身；与朋友交，言而有信。虽曰未学，吾必谓（wèi）之学矣。"

疏通文义

"子夏"是孔子的学生，姓卜，名商，字子夏，他比孔子小了四十多岁。"贤贤易色"中，第一个"贤"作为动词用，是尊重、重视的意思；第二个"贤"是指贤德、品德；"贤贤"的意思是重视品德。"易"是轻视的意思，"色"指"容貌"。所以，"贤贤易色"

就是重品德，不重容貌。有学者认为这句话说的是对待妻子的态度。

"事"是侍奉的意思。"竭其力"指能够竭尽全力。这句话的意思是：侍奉父母，能够竭尽全力。

"致"有献出的意思，"致其身"就是能献出自己的生命，"事君，能致其身"的意思是：服侍君王的时候，愿意随时献出自己的生命。

"与朋友交，言而有信"是说与朋友交往，说话能诚实守信。

"虽曰未学"的意思是尽管他说没有学习过，"吾必谓之学矣"的意思是我一定说他已经学习过了。

整体翻译

子夏说："（对待妻子，）重品德，而不重容貌；侍奉父母，能够竭尽全力；服侍君王的时候，愿意献出自己的生命；与朋友交往，说话能诚实守信。这样的人尽管他自己说没有学习过，我也一定要说他已经学习过了。"

领悟真义

子夏所讲的其实是对孔子的德育观的进一步说明。子夏是这么认为的：一个人有没有学问，他的学问是好还是坏，主要不是看他的文化知识，而是要看他能不能做到孝、忠和信。只要做到了孝、忠和信，即使他说自己没有学习过，那他也已经是一个很有道德修养的人了。所以如果将这句话跟上一句话连在一块儿来读，大家就会发现，孔子的德育优先的理念在子夏这里真是得到了完美的诠释。

子夏是怎么成为孔子的学生的呢？听大王老师给你讲一讲。

孔子是一位非常有名的老师，天下英才都想拜他为师，子夏也慕名而来。可是他看到孔老师以后，有些失望，心想："这不就是个相貌平平的普通老头吗？谈吐、智慧好像也很一般。"他再看看周围的同学，个个都是人中龙凤，心里就更纳闷了，这些厉害的学生真的是眼前这个普通老头儿教出来的吗？子夏决定要亲自问问孔子，看看他到底有没有真本事。

子夏问："孔老师，您觉得颜回怎么样啊？"孔子一听就明白了，子夏这是在试探自己的学问，于是立刻答道："颜回的仁义比我强。"子夏又问："那么，你的学生子贡怎么样呢？"孔子接着答："子贡的口才比我好。""那子路呢？"子夏一连听了两次孔子说他的学生比他强，已经有些着急了。"子路比我勇敢。"孔子脱口而出。

子夏还不放弃，抱着最后一点儿希望问："那么子张呢？""子张为人庄重，我比不了啊！"孔子非常坦诚地说。子夏一听，这可好了，怎么谁你都比不了，他着急地问："那你怎么做老师的啊？"孔子笑了，说："来来来，我告诉你。颜回的仁义心很强，但是不知道变通；子贡的口才很好，但是不够谦虚；子路非常勇敢，但是不懂得退让；子张为人庄重，但是和别人合不来。我的这些学生各有所长，但又各有所短。我可以看出他们的长处和短处，发掘他们的优点，改善他们的缺点。他们虽然都有比我强的地方，但都不是完善的，这就是他们一直跟着我学习，不愿意离开我的原因啊。"如果你的老师也可以像孔子这么讲，你是不是也会被他折服呢？

08

君子之德和君子之过

通读正音

子曰："君子不重（zhòng）则不威，学则不固。主忠信，无友不如己者。过则勿惮（dàn）改。"

疏通文义

"君子"指的是品德高尚的人，"重"是庄重的意思，"威"是威严的意思。这句话意思是说：君子如果不庄重，就没有威严。

"固"是牢固、巩固的意思，"学则不固"的意思是：即使学习，所学的知识也不会巩固。

"主忠信"的意思是以忠和信为主。

"无"是不要。"友"在这里作动词用，意思是与某某交朋友。"不如己"的翻译有争议，一说是指忠和信（道德）比不上自己，二说是与自己志向不相同，我们暂且选用第一种说法。

"过"是过错、过失，在这里作为动词使用，也就是犯错的意思。"惮"是害怕。这句话的意思是：犯了错，不要害怕改正错误。

整体翻译

孔子说："君子如果不庄重，就没有威严；即使学习，所学的知识也不会巩固。做事要以忠和信为主，不要和不如自己的人交朋友。犯了错，不要害怕改正错误。"

领悟真义

上面这句话中，孔子说的是君子应该具有的品德。它包括庄重、威严、认真学习、慎重交友和知错能改。

作为拥有理想人格的君子，他应该庄重、大方、威严，让人觉得他可靠，值得托付；同时还要重视学习，巩固知识，善于结交朋友；而且要有错必改，不然怎么进步呢？这是孔子非常看重的一种完美的君子之德。这里面最难做到的恐怕就是"过则勿惮改"了。很多人犯了错误，就特别害怕承认错误。其实，人如果有了自信，就不怕承认错误，谁都会犯错，错了就要改正。

《论语·子张》篇中有这样一句话。

子贡曰："君子之过也，如日月之食焉：过也，人皆见之；更也，人皆仰之。"

意思是说：君子犯错，就像天上的太阳和月亮发生了日食和月食：有错的时候，大家都看见了；改正的时候，大家都仰视你。可见，敢于承认错误、勇于改正错误是多么可贵而重要的品质。

09
敬重祖先

曾子曰："慎（shèn）终，追远，民德归厚矣。"

疏通文义

"曾子"我们在前文中提到过，就是为了教会儿子诚信，坚持让妻子杀猪的那位贤者。

"慎"是谨慎的意思，"终"指的是父母的去世，"慎终"就是要谨慎地对待父母的去世。"追远"指的是祭祀祖先。

"民德"指民心、民风，"归"是趋向、变得的意思，"厚"是忠厚老实的意思。"民德归厚矣"的意思是百姓变得忠厚老实。

整体翻译

　　曾子说："谨慎地对待父母的去世，恭敬地祭祀久远的祖先，这样百姓就会变得忠厚老实。"

领悟真义

　　曾子在这里提到了丧葬之礼和祭祀的重要性,他作为孔子的学生,这个观点自然是与孔子一致的。可孔子曾经说过"敬鬼神而远之",这表明他并不重视鬼神的作用,他的态度是"尊敬而远离"。那么,孔子既然不重视鬼神,为什么还这么重视丧葬之礼呢?

　　大家想想看,家里的亲人刚去世的时候,他的亲人朋友是非常难过,非常想念他的。但是随着时间慢慢地过去,这种难过和想念就会慢慢变淡,每年的祭祀也难免会变得马虎,做不到尽心尽意了。朝夕相处的亲人尚且如此,对于祖父、曾祖父、高祖父等,就更难做到认真地扫墓祭祀了。所以大王老师特别想说的是:在孔子看来,人们强调养老送终,若只是养老而不送终,这其实是薄情之人所为。

　　葬礼代表了人一生所得到的来自家庭和社会的评价和承认。葬礼上体现出的既是对逝者的尊重和感情,也是对子弟的教育和熏陶,并且还能传承家族的精神,这在孔子看来是非常重要的。他认为,如果人们都这样做,说明人们心中是重感情、知礼节的,那么家庭和社会就可以得到安定了。所以这就是孔子要求的,对自己的先祖要非常敬重。而曾子讲"慎终追远,民德归厚矣"的目的,也正在于此。

10

孔子的人格魅力

通读正音

子禽问于子贡曰："夫子至于是邦（bāng）也，必闻其政，求之与（yú），抑（yì）与之与（yú）？"

子贡曰："夫子温、良、恭、俭、让以得之。夫子之求之也，其诸（zhū）异乎人之求之与（yú）？"

疏通文义

"子禽"和"子贡"都是孔子的学生。子贡是卫国人，姓端木，名赐，比孔子小三十一岁，是孔子非常喜爱的一个学生。

"夫子"是古代的一种敬称，凡是做过大夫的人，都可取得这一敬称。孔子曾为鲁国的司寇，故他的学生称其为"夫子"，后来沿袭下来以称呼老师。在此处特指孔子。"至于"是到了的意思，"邦"指国家，"必"是一定、总是的意思，"闻"指听到、了解。这句话的意思是：孔子到了一个国家，总是可以了解这个国家的政事。

"求之与，抑与之与"中的第一个和第三个"与"的用法相同，我们在前文中见到过，是表示疑问的语气助词，在这里可以翻译成"呢"；"求之"就是自己求得的意思；"与之"是别人给予的意思；"抑"指还是。连起来可以这样理解：这些消息是他自己求得的呢，还是人家君王主动给他的呢？

上面是子禽向子贡提出的问题，接下来是子贡的回答。

"夫子温、良、恭、俭、让以得之"中，"夫子"仍然指孔子，后面的"温、良、恭、俭、让"分别指温和、善良、恭敬、俭朴和谦让。这句话的意思是：夫子是靠温和、善良、恭敬、俭朴和谦让得到这些国家的消息的。

"夫子之求之也"中的第一个"之"是助词，有取消句子独立性的作用；第二个"之"是代词，代指了解到的国家政事。这句话可以翻译成：夫子这种求得的方式。

"其诸异乎人之求之与"中，"其诸"是或者、大概的意思，"异乎"是与……不同，"人之求之"是别人求得的方式。这句话的意思是：夫子这种求得的方式，大概是与别人不同的吧。

整体翻译

子禽问子贡说："夫子到了一个国家，总是可以了解这个国家的政事，这些消息是他自己求得的呢，还是人家君王主动给他的呢？"

子贡回答说："夫子是靠温和、善良、恭敬、俭朴和谦让得到这些国家的消息的。夫子这种求得的方式，大概是与别人不同的吧。"

领悟真义

　　这段话理解起来可能不太容易，让大王老师用自己的话再给大家解释一下。

　　子禽问子贡说，孔子到了每个国家都能了解到这个国家的政事，也就是说能知道这个国家的消息。那这是孔子自己想办法求得的呢，还是人家君王主动告诉他的呢？子贡就说，这是夫子自己求得的，但是他求得的这个方法很特别，是靠着自己的"温、良、恭、俭、让"求得的，跟别人用的方法不一样。

　　我们可以想想，普通人想要了解消息会怎么做呢？拜托知道消息的人告诉自己，或者靠自己观察、打听，大概就是类似的办法吧。而孔子是怎么做的呢？他是靠自身的人格魅力和美好品质吸引了周围的人，大家愿意和他聊天，而且愿意把消息告诉他。这样看来，孔子的"求"实际上并没有求，甚至可以理解为是别人主动给予他的。

　　孔子是两千五百多年前的人物，但是借着子贡细致入微的观察，我们现在仍然可以了解孔子的亲切态度和仪容风范，还能够知道他温、良、恭、俭、让的美好品质，并能向他学习。善于观察他人的确是子贡的一大优势。

11

继承和发扬

子曰："父在，观其志；父没（mò），观其行。三年无改于父之道，可谓孝矣。"

这句话中的"其"指儿子，不是指父亲。"志"是志向。"没"是去世的意思。"行"指行为、行事。

"三年"不是指具体的三年，而是虚指，是很多年的意思。"父之道"指的是父亲正确的行事做人的原则。

035

整体翻译

孔子说："当他父亲活着时，要看他本人的志向；他父亲去世以后，就要考察他本人的具体行为了。如果他长期坚持父亲生前那些正确的原则，就可以说是尽孝了。"

领悟真义

在传统的家庭中，一般都是父亲主事的，所以父亲在世的时候，什么事情都是父亲说了算，做孩子的不需要，也难以去操持太多的事情，这就看不出来孩子的能力怎么样。这时候，我们可以观察孩子的志向，来看他是一个怎样的人。

在父亲去世以后，孩子做了家长，大事小情都由孩子自己说了算。这时候观察孩子的行为，如果过了很多年，孩子都还是按照父亲生前正确的行事准则去做事，没有改变，一以贯之，那么这就是孝顺了。但是关于这句话，现在很多人提出了异议。这是为什么呢？因为历史在发展，社会在前进，人们的思想观念也在进步。青出于蓝胜于蓝，后代超越前代，这是历史的必然。自然而然地，前代的一些守旧思想就慢慢被淘汰掉了。所以我们也要辩证地来看待孔子讲的这句话。

12

以和为贵

有子曰："礼之用，和为贵。先王之道，斯为美，小大由之。有所不行，知和而和，不以礼节之，亦不可行也。"

"有子"是孔子的弟子有若，我们在前文中提到过。"礼"指道德规范。"之"相当于"的"。"用"是功能、功用的意思。"和"指和顺，"和为贵"的意思是以遇事做得恰当和顺为可贵。

"先王之道"指的是古代圣王的治国之道。"斯"是代词"这"的意思，"斯为美"的意思是美好可贵的地方就在这里了。"小大由之"

指的是大小事务都按照这个原则去做，其中"由"是遵从、按照的意思。

"不行"指的是行不通。"知和而和"的意思是只知道和顺并一味追求和顺。

"节"是节制的意思，"以礼节之"的意思是用礼法去节制它。

整体翻译

有子说："礼的功用，以遇事做得恰当和顺为可贵。以前的圣明君主治理国家，最可贵的地方就在这里。他们做事，无论事大事小，都按这个原则去做。如果遇到行不通的事，仍一味地追求和顺，却并不用礼法去节制它，也是行不通的。"

领悟真义

这段话实际上说的是"礼"与"和"的辩证关系，即"礼"的运用要遵循"和"的原则，"和"的实现也要依靠"礼"的节制。

孔子为什么会提出"礼之用，和为贵"的思想呢？这也跟当时的历史背景有关系。在那个社会动荡、战争频繁发生的年代，人们不光生活充满了变数，思想也是一片混乱的，这时人民最需要的是什么呢？就是"和"，是安稳、稳定，而这就是统治者需要做到的，因此孔子对于统治阶级提出了"礼之用，和为贵"的施政思想，表明"和"才是施行统治的目的和准则。

"和"这个字蕴含了很丰富的思想，它要求统治者考虑人民的利益，才能让人民甘愿接受并遵循；人民自然而然地接受统治，就能遵循一定的规范行事。

"礼之用，和为贵"可以说是孔子思想的一个变革，是为了适应当时社会变革而对统治者提出的施政建议。遵循礼制的直接目的，是维护统治阶级的统治地位，但最终目标是创造一个和平、融洽的理想社会。

13

讲诚信也要符合规范

通读正音

有子曰："信近于义，言可复也。恭近于礼，远（yuàn）耻（chǐ）辱（rǔ）也。因不失其亲，亦可宗也。"

疏通文义

"信"指承诺的话，"近"是接近、符合的意思，"义"是儒家的伦理道德规范，"言"即所说的话，"复"是实践的意思。这句话的意思是：承诺的话要符合道德规范，所说的话才能实行。

"恭"是恭敬的意思，"礼"是儒家提倡的伦理规矩。"远"指使……远离。这句话的意思：恭敬要符合伦理规矩，这样才能远离耻辱。

"因"是依靠、凭借的意思，"亲"指的是亲近的人，"宗"是可靠的意思。这句话的意思是说：所依靠的都是亲近的人，也就可靠了。其实这句话的解释历来很受争议，我们在这里选了比较普遍的一种说法来讲。

整体翻译

有子说："承诺的话要符合道德规范，所说的话才能实行。恭敬要符合伦理规矩，这样才能远离耻辱。所依靠的都是亲近的人，也就可靠了。"

领悟真义

　　孔子的弟子有子所讲的这段话，表明他对"信"和"恭"是十分看重的，把它们当作做人要具备的基本道德。但即便是好道德，表现出来时，也不是绝对没有限制的。就像有子说的，"信"和"恭"的表现都要以礼为标准。具体是什么标准呢？那就是承诺的话要符合道德规范，不符合礼的话绝不能讲；恭敬要符合伦理规矩，不符合礼的事绝不能做。

　　后面一句还告诉我们一个交朋友的道理，那就是要结交亲近可靠的人，这对我们的人身安全也非常重要。所以我们在选择朋友时，一定要选择一个靠得住的朋友，宁缺毋滥，不要今天靠这山头，明天靠那山头，否则到最后就容易成为丧家之犬。

14

好学的四大特征

子曰："君子食无求饱，居无求安，敏于事而慎于言，就有道而正焉（yān），可谓好学也已。"

疏通文义

"无"是不要的意思，但"食无求饱""居无求安"并不是指吃饭不要求吃饱、住宿不要求舒适，而是强调不要过分追求饱足和舒适。

"敏"指勤勉，"慎"指谨慎，"敏于事而慎于言"就是指做事勤奋努力、言语谨慎小心。

"就"是靠近、向……看齐的意思；"有道"不是简单指有道理、

043

有道德，而是指有道德的人；"正"是纠正的意思。"就有道而正焉"的意思是：向道德修养高尚的人看齐，时时纠正自己的缺点、错误。

整体翻译

孔子说："君子饮食不要求过分的饱足，居住不追求过分的安逸、舒适，做事勤奋努力、言语谨慎小心，向道德修养高尚的人看齐，时时纠正自己的缺点、错误，这样就可以称得上好学了。"

领悟真义

在这里，孔子提出了好学的四大特征。

第一是"食无求饱"，饮食上不追求过分的饱足。当然这不是要求我们饿肚子，只是不能贪吃。

第二是"居无求安"，就是居住不追求太舒适。这两句其实是在说我们应当克制物质享受的欲望，不要过度追求物质生活的享受，而应该尽力做好分内的事务，提升内在的修养。我们要有自己的志向，有志于学习，这样就没有太多时间在吃什么、住什么上花心思了。

第三是"敏于事而慎于言"，意思是说做事情要麻利，但说话要"慢半拍"，不轻易说。因为我们如果说话太放肆而实际上做不到，那就是说大话，不是君子所为。君子做事常常怕自己没做到位，说话总是怕自己说过头，所以要多做少说。

第四是"就有道而正焉"，是指经常向那些有道德有学问的人请教，向比自己优秀的人学习，来修正自己的行为。

具备了这四条——饮食不要求过分的饱足，居住不追求过分的安逸，做事勤奋努力，说话小心谨慎，向有道德修养的人看齐，时时纠正自己的错误，不断进步，这样你就可以称得上是好学了。

15

学习要精益求精

子贡曰："贫而无谄（chǎn），富而无骄（jiāo），何如？"
子曰："可也。未若贫而乐，富而好礼者也。"

子贡曰："《诗》云：'如切如磋（cuō），如琢如磨。'
其斯之谓与？"子曰："赐也，始可与言《诗》已矣，告诸往
而知来者。"

疏通文义

"谄"是奉承的意思，"骄"是骄傲自大的意思，"何如"就是
如何。这句话的意思是：贫穷却不巴结奉承，富贵却不骄傲自大，怎

么样？

"未若"的意思是不如。这第二句话是孔子回答子贡提出的问题，意思是：可以了。但还是不如虽贫穷却乐于道，虽富贵却谦虚好礼的人啊。

"《诗》"指的是《诗经》，这是中国最早的一部诗歌总集，收录了西周初年至春秋中叶的诗歌。"如切如磋，如琢如磨"这两句见于《诗经·卫风·淇奥》。有两种解释：一说切、磋、琢、磨分别指对骨、象牙、玉、石四种不同材料的加工，否则不能成器；一说加工象牙和骨，切了还要磋，加工玉石，琢了还要磨，有精益求精之意。这是子贡借用《诗经》中的这句话来接着问孔子，子贡说："《诗经》上说：'要像骨、象牙、玉、石的加工一样，先开料，再粗锉、细刻，最后还要磨光。'那就是这样的意思吧？"

"赐"就是子贡的名。子贡善辩，孔子认为他可以做大国的宰相。"始"指开始。"往"指过去的事，"来"指未知的事，"告诸往而知来者"指的是告诉你过去的事情，你就可以知道未知的事情。这句话翻译过来就是，孔子说："赐呀，现在可以同你讨论《诗经》了。告诉你以往的事，你能因此而知道未知的事。"

整体翻译

　　子贡说："贫穷却不巴结奉承，富贵却不骄傲自大，怎么样？"孔子说："可以了。但还是不如虽贫穷却乐于道，虽富贵却谦虚好礼的人啊。"

　　子贡说："《诗经》上说：'要像骨、象牙、玉、石的加工一样，先开料，再粗锉、细刻，最后还要磨光。'那就是这样的意思吧？"孔子说："赐呀，现在可以同你讨论《诗经》了。告诉你以往的事，你能因此而知道未知的事。"

领悟真义

　　子贡问的是，如果一个人贫穷而不谄媚，富贵也不骄傲，这个人怎么样？子贡这个人经过商，由穷到富，穷也有过，富也有过。他也是借这个话来探听孔子对他的看法。而孔子认为，虽然这样也不错，但真正的君子应该"贫穷而乐道，富贵而好礼"。为什么呢？因为即便你贫穷而不谄媚，但毕竟心里还装着一个"穷"字，觉得自己穷，心里也是自卑的，这就不如安贫乐道，心里根本就不在意自己穷不穷。而即便你富贵却不骄傲，也说明你心里已经有了骄傲这个想法了，这就不如"富贵而好礼"，虽然身在富贵之中，但是已经超脱富贵之外。这就是孔子希望达到的一种境界。

　　听完孔子的这番话，子贡觉得醍醐灌顶。子贡体会到了贫富之道的真义。之前，他觉得自己的修行已经到位了，但是跟孔子一比，就发现自己身上还有很多短板。子贡觉得自己要向孔子学的还有太多，应该像《诗经》中那句话一样，追求精益求精。一听弟子这么讲，孔子特别高兴，说："赐啊，太好了，我现在可以跟你探讨《诗经》了，因为你已经能够举一反三了。"

在我们学习的时候，如果你可以明白老师说的道理，并且根据老师所讲的话推导出更深层次的道理，那你就是聪明人了。

学习是永无止境的。

16

了解别人，成就自己

子曰："不患人之不己知，患不知人也。"

疏通文义

"患"是忧虑、担忧的意思。"不己知"就是"不知己"，意思是不了解自己，这其实是一个倒装句，叫宾语前置，在文言文中经常会出现这种用法。

整体翻译

孔子说："不要担心别人不了解自己，只担心自己不了解别人就行了。"

领悟真义

这句话很简单，但是意义特别深刻。很多人都怕别人不了解自己，因为这样会觉得自己怀才不遇。但是在孔子看来，君子不怕别人不了解自己，相反，君子还要把自己的德才稍微掩饰一下。因为君子时常修身养性，他们修身的目的是避免自己太张扬，是不想让别人知道自己，这样就不会有过多的名气。如果名气超过了德行就会名不副实，而君子怕的就是名不副实。

那么君子真的就不想出人头地吗？自然不是，君子是有抱负的。君子平时不显山不露水，但是他的才能逐渐显露出来以后就能征服世界。虽然孔子去世两千多年了，但是他依然受世人敬仰。孔子就是一位高风亮节的君子，他没有显山露水，但是他的名节、他的才干征服了世界。

所以，真正的君子不怕别人不了解自己。如果一个人成天为别人不了解自己而着急的话，那他可能境界不高，难成大器。这就是第一句话——"不患人之不己知"的含义。

第二句，"患不知人也"。为什么君子怕不了解别人呢？因为如果我们不了解别人，就交不到德行高尚的朋友，抓不住好的发展机会，也就没有办法提高自己了；如果我们处在非常重要的位置上，就不知道怎么用人了。所以，君子"患不知人也"。

01
为政以德

通读正音

子曰："为政以德，譬（pì）如北辰，居其所而众星共（gǒng）之。"

疏通文义

"为政"是治理国家的意思，"为政以德"就是用道德教化来治理国家，按我们现在的语序应该读作"以德为政"，古代人说话的语序跟我们现代人有很多不同，我们管这叫倒装。

"譬如"就是像的意思。"北辰"指的是北极星，它在天空的正北，从地球上观察它的位置几乎不变，夜间人们可以根据它来辨别方向，不容易迷路。

　　"居"是位于、处在的意思。"所"是位置的意思。"共"同"拱"，是环抱、环绕的意思。这里把用道德教化来治理国家的统治者比喻成北极星，把民众比喻成其他星星，意思是只要统治者施行仁政，不用多做什么，民众自然会来归附他、跟从他、支持他。

整体翻译

　　孔子说："用道德教化来治理国家，便会像北极星一样处在自己的位置上，群星都围绕在它的周围。"

领悟真义

我们今天开始学习《论语》的第二篇——《为政》。第一篇《学而》讲的是关于学习的道理，第二篇从名字就可以看出，讲的主要是从政为官的道理，涉及的主要思想就是"为政以德"。

"为政以德"中的"政"，《论语》中曾给出这样的解释："政者，正也。"也就是告诉我们正人要先正己，如果自己不正，无论手握什么样的权力和法令也管不了别人。所以要想做到为政以德，对统治者本身的品行要求是非常高的，只有品行高尚的人才适合进行管理，因为这样的人能管得住自己。

施行德政的人，就像天上的北极星一般，受到满天星辰的拱卫。在古人的眼中，北极星就是宇宙的中心，除了能够用它辨认方向以外，所有的星辰都以它为中心。"居其所"则是指代领导者不能胡乱指挥，要待在自己该待的位置上，明白自己的职责范围，不要滥用职权。

所以这句话告诉我们，人只有品德高尚了，才可以成为一个优秀的领导者，才可以管住别人。

02
至真《诗经》

子曰："《诗》三百，一言以蔽（bì）之，曰'思无邪'。"

疏通文义

"《诗》三百"指的是《诗经》，它总共有三百零五篇，"三百"是举其整数而言。"蔽"是概括的意思。"思无邪"是思想纯正的意思。

整体翻译

孔子说："《诗经》一共三百篇，用一句话来概括，就是'思想纯正'。"

领悟真义

　　《诗经》里面的诗歌传达的感情是真人、真心、真性情，没有邪念，也不会装腔作势。比如《诗经》中第一首《关雎》，"关关雎鸠，在河之洲。窈窕淑女，君子好逑"。这首诗的语言非常质朴，表达了年轻的小伙子对于美丽姑娘的爱慕之情。

　　《诗经》中的诗句大部分都非常婉转，阅读《诗经》可以让人回归性情本身，看到本真的自己，能够陶冶性情，也可以洞察事理。《诗经》告诉我们，为人处世要诚心诚意，不必掩饰自己，也不必虚情假意，欺骗别人。所以孔子非常欣赏《诗经》，认为《诗经》里面讲了很多质朴的道理，非常值得我们去学习。

03
儒家与法家

子曰："道（dǎo）之以政，齐之以刑，民免而无耻。道之以德，齐之以礼，有耻且格。"

疏通文义

"道"是引导的意思，"政"指政令，"道之以政"的意思是用政令来引导百姓。

"齐"是使……整齐，也就是约束的意思，"齐之以刑"就是用刑律来约束百姓。

"免"指免除罪责和惩罚，"无耻"就是失去了廉耻之心，"免而无耻"的意思是：虽然能使百姓免于犯罪，却让人民失去了廉耻之心。

与"无耻"相对的，"有耻"就是有廉耻之心；"格"则是亲近、归附的意思。"有耻且格"就是说老百姓不但有羞耻之心，而且会真心归附。

整体翻译

孔子说："用政令来引导百姓，用刑律来约束他们，只能使百姓免于犯罪，却让人民失去了廉耻之心。但如果用道德来教化百姓，用礼教来规范他们的言行，那么老百姓不但有羞耻之心，而且会真心归附。"

领悟真义

儒家认为，如果用法治政令来领导人民，用刑罚来约束人民，人民怕被处罚，的确是可以遵守法令，可人民心中没有耻辱感，虽然不敢作恶，但是不知道作恶为什么不对，为恶之心还在。所以，儒家思想认为，"道之以德"才是领导人民的正确方式，因为只有经过德育，人才能有羞耻之心。"知耻"是做人的一个底线，如果一个人不知道廉耻，那就不配为人了。

"道之以德"与"为政以德"是一脉相承的，反映出孔子政治主张的核心思想，这也是儒家与法家在政治主张上的对立之处。法家主张富国强兵、以法治国，对于法制高度重视，这为后来建立中央集权的秦朝提供了有效的理论依据。秦从商鞅变法开始，推行了一系列法律改革。秦始皇统一六国后，更是将《秦律》修订并作为全国统一的法律颁行到各地，强调"事皆决于法"，体现了对于法制的重视。但这并不影响自古以来的统治者们对于儒家思想的推崇和重视。

　　值得一提的是，孔子所说的"道之以德、齐之以礼"，并不是只用道德来教化百姓，用礼仪来规范人们的言行，而是要求管理者要躬身示范、以身作则，引导、感化民众，这样百姓才可以效仿，做到"有耻且格"，自觉约束、规范自己的行为。

04
人生的六个境界

子曰："吾十有五而志于学，三十而立，四十而不惑（huò），五十而知天命，六十而耳顺，七十而从心所欲，不逾矩（jǔ）。"

疏通文义

"有"同"又"，在古代汉语当中，表示在整数之外加上一个零数，"十有五"就是十五。"志于学"的意思是立志于学习。

"立"有几种说法，一种说法是自立；还有一种说法是站得住，指的是说话、做事都有把握。

"不惑"指掌握了知识，不被外界事物所迷惑，或指不再感到疑惑。

"天命"指上天安排的事情，也就是不能为人力所支配的事情。

"耳顺"有多种解释，一般而言，指个人的修行成熟，没有不顺耳之事，对那些于己不利的意见也能正确对待。另一说是一听别人的言语，便可以分辨真假，判别是非。

"从心所欲"就是随心所欲的意思。"逾"是越过，"逾矩"就是越过规矩。

整体翻译

孔子说："我十五岁立志学习，三十岁在人生道路上站稳脚跟，四十岁可以不被外界事物迷惑，五十岁知道了上天给我安排的命运，六十岁能正确对待各种言论，包括说我不好的话，也不觉得不顺耳（或是一听别人的言语，便可以分辨真假，判别是非），七十岁能随心所欲地说话做事又不会超越规矩。"

领悟真义

孔子的这番言论，其实是提到了自己人生的六个境界。

第一阶段是"十有五而志于学"，即十五岁时明白为什么学习，立志于求学。

第二阶段是"三十而立"，不仅强调自立，还代表着此时已懂礼，能够依循礼仪规范在社会上立足，可以独立地生活，不再依靠父母。

第三阶段是"四十而不惑"，这时掌握了足够的知识，懂得辨别外界事物的真假了，不再迷惑，能做一个明白人。

第四阶段是"五十而知天命"。什么叫知天命？就是知道能改变的，顺应改变不了的。简单来说，比如今天是雾霾天气，大街上烟雾弥漫，我们不喜欢这样的天气，但也不会走到大街上喊："雾霾散去吧！"而是会选择戴个口罩或者不出门，这就是知天命。

第五阶段是"六十而耳顺"，这个时候我们已经经历过大风大浪，外界的一切意见和言论于我们来说都已经不是那么重要了，不论是表扬我们的还是批评我们的，我们都能接受，都不会觉得刺耳（或是对别人的话能分辨是非）。这叫"六十而耳顺"。

最后一个阶段是"七十而从心所欲，不逾矩"，就是当我们到了这个岁数，可以顺着自己的心意说话做事了，觉得哪里让自己不舒服的时候，可以马上调整自己，不会勉强自己，这就是真正做到了自由自在。同时这种自由能不超越外界的规矩，不会破坏法律和道德规范，是一种游刃有余、逍遥的姿态。

希望同学们也能在不同的人生阶段，到达不同的人生境界，实现自己人生的自由。

05

鲁国三桓

孟懿（yì）子问孝，子曰："无违。"

樊（fán）迟御，子告之曰："孟孙问孝于我，我对曰'无违'。"樊迟曰："何谓也？"子曰："生，事之以礼；死，葬之以礼，祭之以礼。"

"孟懿子"是鲁国大夫，本姓仲孙，也称孟孙，名何忌。"懿"是他的谥号。"无违"是不要违背礼节的意思。

"樊迟"是孔子的学生，姓樊，名须，字子迟。"御"是驾车、赶车的意思，这里是指为孔子驾车。"告"是告诉的意思。

"何谓也"就是问：这是什么意思？

"生"指父母活着的时候。"事之以礼"即"以礼事之"，就是依规定的礼节侍奉他们。"死，葬之以礼，祭之以礼"的意思是：在他们去世之后，要依规定的礼节安葬他们，祭祀他们。这就是"无违"，就是孝道了。

整体翻译

孟懿子问什么是孝道。孔子说："不要违背礼节。"

（不久，）樊迟为孔子驾车，孔子告诉他："孟孙问我什么是孝道，我对他说，'不要违背礼节'。"樊迟说："这是什么意思？"孔子说："父母活着的时候，依规定的礼节侍奉他们；死的时候，依规定的礼节安葬他们，祭祀他们。"

领悟真义

孔子在这里主要讲的是丧礼和祭礼。什么叫不要违背礼节呢？就是如果把葬礼和祭礼这样的仪式布置得太过简单了，在孔子看来就是不孝；而如果布置得特别奢华，就是一种过度浪费，并不能体现孝，也是不孝。所以置办葬礼的规格和祭祀的规格都不能违背礼节。

比如当时鲁国有三桓（huán）——卿大夫孟孙氏、叔孙氏和季孙氏，这三家总是违背礼制，祭奠父母时用天子的礼仪来祭奠。孔子认为这就是不孝，违背了孝敬的礼节，如果人人都效仿他们，天下就会大乱。

事实证明孔子是对的，三桓势力不断壮大，鲁国公室日益衰弱，国政被操纵在三桓手中。孔子对此十分气愤，要知道他可是最讲究"礼"的人了，因此他试图改变鲁国这种"卿大于公"的局面，但无奈在三桓强大的实力面前无法成功，最终被赶出鲁国。

虽然孔子这是在说"孝顺"，说的是家庭关系，但实际上他是在说政治，说君臣关系。

06
真正的孝顺

通读正音

孟武伯问孝。子曰："父母唯其疾（jí）之忧。"

疏通文义

"孟武伯"是孟懿子的儿子，名彘（zhì），"武"是他的谥号。

"唯"是只有的意思；"其"是一个代词，这里代指子女；"疾"就是疾病的意思。"唯其疾之忧"就是说只为子女的疾病担忧，言外之意是孝子不应因疾病之外的事情让父母忧愁。

整体翻译

孟武伯问孔子怎样才是孝顺呢？孔子回答："使父母只需为子女的疾病担忧就是孝顺了。"

领悟真义

孔子的这番话很巧妙地解释了什么是孝顺，就是努力做好自己的事，让父母只需关心我们的身体是不是生病了，而不让父母因为我们的学业、品行、职业发展等这些事情而担心。

这句话放到两千多年后的今天仍然十分适用，就是说如果能够不让父母为我们的工作、学习、婚姻操心，这就是真正的孝顺了。这背后代表的，是子女们的自觉和自主，不管是在学习，还是品德修养、职业规划等方面，都能积极主动地为自己筹划，并付出努力，无须父母时时敦促。当然，做父母的也需要给孩子更多的自主权，让他们更好地探索属于自己的人生。

07
孝源于心

子游问孝，子曰："今之孝者，是谓能养。至于犬马，皆能有养。不敬，何以别乎？"

"子游"是孔子的弟子，姓言，名偃，字子游。

"今之孝者，是谓能养"的意思是如今所谓的孝，只是说能够赡养父母便足够了。这里的"养"指的是赡养。"至于犬马，皆能有养"中的"养"指的则是饲养，这句话的意思是：就是犬马都能够得到饲养。

"何以别乎"的意思是有什么区别呢？这实际上也是一个倒装句，应该是"以何别乎"，"以"是用，"何"是什么，"别"是区别，连起来就是：用什么来区别呢？

整体翻译

子游问什么是孝，孔子说："如今所谓的孝，只是说能够赡养父母便足够了。然而，就是犬马都能够得到饲养。如果不存心孝敬父母，那么赡养父母与饲养犬马又有什么区别呢？"

领悟真义

孔子其实是在传递一个很有趣又很真实的价值观，就是不要觉得让父母吃饱穿暖，给他们钱，就是孝顺了。我们对待父母若只是提供饮食、住宿，却不发自内心地尊敬父母，那与饲养家禽家畜又有什么区别呢？更有甚者，居然还对父母恶语相向，这是绝对不行的。日常生活中多关心父母、陪伴父母，有不当的举止时及时与父母沟通改正——这才是孝顺之人应该有的心态和处事态度。

年轻人总认为自己比老人懂得多，就轻视老人，照顾老人时没有尽心尽意，这就是不孝。

08

对父母和颜悦色

　　子夏问孝。子曰："色难。有事，弟子服其劳；有酒食，先生馔（zhuàn），曾是以为孝乎？"

　　"子夏"也是孔子的弟子，卜氏，名商，字子夏，是"孔门十哲"之一，以"文学"著称。

　　"色难"有两种解释，一说子女在侍奉父母的时候，以始终保持和颜悦色为难；一说难在理解父母的脸色。这里我们按照第一种说法作讲。

"有事"就是有了事情。"弟子"指的是年轻人，这里特指子女。"服其劳"是说承担起劳动的任务，其中"服"是从事、担负的意思。这里的"先生"与"弟子"相对，指的是年长者，这里特指父母。"馔"就是吃喝的意思。这句话的意思是：有了事情儿女去操劳；有酒、有菜，让父母先去吃喝。

"曾"是副词，意思是竟然。"是"是代词"这"的意思。"曾是以为孝"的意思是：难道把这些当作孝顺吗？

整体翻译

子夏问孔子："什么是孝顺？"孔子说："儿女侍奉父母，能够经常和颜悦色是一件很难的事情。有了事情儿女去操劳；有酒、有菜，让父母先去吃喝，难道把这些当作孝顺吗？"

领悟真义

这段话中，孔子说明了对待父母应该有的态度——和颜悦色，但孔子也明白，永远保持对父母和颜悦色其实是一件特别难的事情。为什么呢？因为和颜悦色的态度需要内心真正做到孝顺和尊敬，而不只是体现在行为的照顾上。有事情儿女去操劳，有好吃好喝的先让父母去吃喝，这在当时比较严格的孝道的框架下，是比较容易做到的，所以孔子觉得这更像是一种义务，不能体现由心而发的真正的孝顺。

但实际上，长期保持这种孝顺的行为，对现代人来说，也不是一件很容易的事情。现在因为父母的体贴，甚至是溺爱，也可能因为子女学业、工作忙，还可能因为父母不当的教育方式给孩子造成了伤害，让很多孩子忽视了对父母进行应有的体贴和照顾。这方面我们还需要多向孔子学习。

对待父母，要行为上多照顾，心理上多理解，态度上尽量和善，即使我们的工作和学习可能让我们很疲惫了，也不因此忽视父母，依然能够对父母和颜悦色，这才是孝顺。

09

大智若愚的颜回

子曰："吾与回言终日，不违，如愚。退而省（xǐng）其私，亦足以发，回也不愚。"

"回"指的是颜回，曹姓，颜氏，名回，字子渊。他是孔子最得意的门生，孔子对他称赞最多，他也被尊称为"复圣颜子"，是"孔门七十二贤"之首。

"言"这里是谈论的意思，"终日"指的是一整天，"言终日"就是探讨了一整天的学问。

"不违"指的是不违背，不提出不同的意见和想法。"愚"在这里不是一个形容词，而是名词，表示愚蠢的人。这里是说颜回在与孔子谈论时，一点不违背，像是个蠢人。

"退"指回去后，"省"是考察的意思，"私"这里指的是私下里的言行，"退而省其私"的意思就是考察颜回私下里（与其他学生讨论学问）的言行。

"足以发"的意思是能发挥得很好，其中"发"是阐释、发挥的意思。

整体翻译

孔子说："我整天跟颜回探讨学问，他从来不提不同的看法，像一个愚笨的人。等他回去，我观察他跟别人的言谈，发现他对我讲的内容能够充分地发挥，可见颜回不笨呐。"

领悟真义

从这句话里我们可以看出孔子对颜回学习态度的认同。孔子提倡启发式教育。他希望自己的学生在学习的同时，可以自己主动思考，提出自己的见解，也就是要学会举一反三。但是他在和自己的弟子颜回探讨学问的过程中，他发现颜回从来不会提出跟他不同的看法，这让孔子很不满，他觉得颜回肯定是听课不认真，不动脑筋，是一个愚笨的人。可后来他发现，颜回在和其他学生探讨学问的时候，能够对自己之前讲过的知识提出新的见解，可见他是用心学习了的，没有一刻停止过思考。这让孔子明白，颜回并不愚笨，自己之前对他的印象太过想当然了。

孔子对于颜回的认同，与我们前面讲到的"不患人之不己知，患不知人也"有异曲同工之妙，都是说君子不需要张扬，刻意去表现自己，唯恐别人不知道自己多优秀，而是默默努力学习，积蓄能量，等待有朝一日的爆发。可谓"不鸣则已，一鸣惊人"。

10

三思而后行

子曰："视其所以，观其所由，察其所安。人焉廋（sōu）哉？人焉廋哉？"

"视、观、察"这三个词的意思相近，都是观察、考察、了解的意思。

"所以"指的是所做的事情、所作所为；"所由"指的是做事情的动机和依据，即一个人为什么要做这件事；"所安"指的是做事情时心情是否安乐，也就是看一个人在做事过程中的心态、价值观。这三点是层层递进的。

"焉"是何处、哪里的意思。"廋"读作"sōu",是隐藏、隐蔽的意思。

整体翻译

孔子说:"(想了解一个人)观察他的所作所为,考察他行事的动机依据,了解他做事时心情安乐与否,(那么)这个人的品行怎么能够藏得住呢?这个人的品行怎么能够藏得住呢?"

领悟真义

这里孔子讲了观察一个人人品的方法,先看他做了什么事情,再看他做事的目的是什么,接着看他在做事情的过程中心情是否安乐,通过这三步法,就能把这个人的品性给发掘出来。

孔子这句话的含义特别深刻。我们在做一件事情的时候可以问自己一下:这件事情是好事还是坏事呢?我到底要不要做呢?如果我要去做,应该怎么做呢?我是心甘情愿地去做还是不想这么做呢?

如果我们每个人在做事之前都能这么想一想,我们就能更好地认识自己,知道自己想做的、想要的是什么,可以增强自信,减少自我怀疑。我们的人品也就可以展现出来了。

我这样做,对吗?

学习当温故知新

通读正音

子曰："温故而知新，可以为师矣。"

疏通文义

"故"指的是旧的知识。"新"指的是新的领悟、新的见解。
"为师"是做老师。

整体翻译

孔子说："温习旧知识的时候，能有新的领悟、新的见解，这样你就可以做别人的老师了。"

领悟真义

这句话告诉我们一个道理，有很多知识，我们认为自己已经理解了，就不去深究了，这其实是一种很大的损失。对于已学的知识，我们不去温习，怎么能有新的领悟呢？那样我们学到的只能是浅显的知识，而不能领会深刻的道理。"知新"不是指没听过的知识，而是指对于已经听过很多遍的知识，我们依然能从中得到新的领悟。

所以，我们在读书的时候应该"温故而知新"。我们可以把读过的书再看几遍，这样一定会有新的见解，而这些见解可能在我们读新书的时候启发我们，让我们更容易理解新的知识。当我们发现这些读过的书有了可以回味的东西，有了新的认知的时候，我们就是学成了，可以做别人的老师了。

12
君子应博学多识

子曰："君子不器（qì）。"

"器"指的是器具，器具就是只具有特定功能的用具。孔子说君子不能像器具一样，意思是不能仅有一种功能，只掌握一才一艺，而应该掌握多种技能，博学多才。

整体翻译

孔子说："君子不能像器具一样（只有一定的用途）。"

领悟真义

孔子认为，君子应该博学多识。

就像是我们家里的杯子，只能用来喝水，是不能用来煮挂面的。只有这一种功用，那就只有"用来喝水"这一个归宿。因而孔子说，作为一个人，我们不能像一只杯子，只能用来喝水，不能像一把扫帚，只能用来扫地。我们是人，是既能喝水又能扫地的，还能做更多其他的事，我们永远不要给自己设限。一样的道理，我们如果只学习一门功课的话，这是不是一种自我局限呢？这肯定是不行的，我们必须方方面面都要好好学习，这样才能成为一个有价值的人。

13

言于行后

子贡问君子。子曰："先行其言而后从之。"

"君子"指品德高尚的人，这里子贡问孔子如何成为品德高尚的人。

"行"指行动，"言"指说过的话，"后从之"的意思是在后面跟随。这句话的断句应该是：先行，其言而后从之。

084

整体翻译

子贡问孔子，怎样才能算得上是一个君子？孔子说："要先行动，再说出来，（这样就可以算作一个君子了）。"

领悟真义

这句话教育我们，不要言语在先而行动在后。有些同学每次考试之前，都说自己一定要考全班第一名，但他平时一点也不用功学习，结果成绩并不尽如人意。所以孔子认为，我们做任何事情的时候，都要把行动走在前面，做完了再说出来，这样才是一个品德高尚的人。

君子的标准有很多，孔子为什么会这样回答子贡呢？我们都知道孔子喜欢因材施教，而子贡有一个毛病，就是话痨，特别能讲，所以孔子专门对他讲这句话，希望他能慎言。

14
君子之交

子曰："君子周而不比（bǐ），小人比而不周。"

疏通文义

"君子"指德行高尚的人，而"小人"指的是没有道德修养的人。

"周"指亲和、与人团结。"比"指和坏人勾结在一起。

整体翻译

孔子说："德行高尚的人是团结而不是勾结；品格卑下的人是勾结而不是团结。"

领悟真义

君子与小人的区别之一，就是小人因私利而结党勾连，不能与大多数人融洽相处；而君子则能与众人和谐相处，但不与人相勾结。《庄子》中也有一句话："君子之交淡如水，小人之交甘若醴（lǐ）。"也就是说，君子之间的交往应该是互相不苛求，不强迫，不嫉妒，不黏人。所以在常人看来，他们的交情就像白水一样淡。而小人之间因为利益相互勾结，往往表现得不可分割，就跟蜜一样甜，实际上利益过后，立马就分道扬镳（biāo）了。

这就告诉同学们，在与同学和朋友交往时，要亲和而有原则，不要为了利益而与不好的人在一起。孔子这句隐含人际交往原则的话说得非常到位，他其实是说中了人性的一个方面。

15
学与思结合

子曰："学而不思则罔（wǎng），思而不学则殆（dài）。"

疏通文义

"学而不思"就是说学习了但是不思考。"罔"是迷惘的意思。

"思而不学"则指天天只思考而不学习。"殆"是疑惑的意思，另外"殆"还有"危险"的意思，这里两种意义都讲得过去，译文取前一种。

整体翻译

孔子说："只读书，不思考，就会迷惘无知，无所收获。但你若只是苦思冥想，却不认真读书，那就会产生疑惑（而无定见）。"

领悟真义

很多人不明白孔子这句话的意思，老师来打个比方，同一间教室里，听同样课程的学生，有的同学成绩好，有的同学成绩不好，这是怎么回事呢？其原因之一就是学习方法的问题。有些同学"学而不思"，就是只读书，却不思考，自以为都了解了，然而考试的时候还是有很多题目不会做；而有的同学每天都在思考问题，但是从不打开书去看一看，这就导致他们总也想不明白，这就是"思而不学则殆"，如同想在空中建楼阁，可以说是一种白日做梦了。

真正好的学习方法应该是学与思相结合。以"学"打好基础，以"思"取得进步。

16

做人要学正道

子曰："攻乎异端，斯（sī）害也已（yǐ）！"

疏通文义

"攻"是攻击、批判的意思，一说是致力研究的意思，但《论语》共四次用"攻"字，其他三个"攻"字都当"攻击"解，这里更偏向第一种。"异端"指不正确的言论。"斯"是连词，这就、那就的意思。"已"这里当动词讲，是停止的意思。

整体翻译

这句话历来有两种比较普遍的翻译，第一种是——

孔子说："批判那些不正确的言论，这样祸害就可以被消灭了。"

第二种是——

孔子说："一心研究错误的言论，是有害的。"

领悟真义

这句话体现的是孔子对于与自己相异主张的批判态度，也是对儒家思想正统地位的维护。这句话放到现在可理解为做人要站得正，要学正道，不要人云亦云，得有自己的坚持。同时，对于那些不正确的言论要敢于批判，不要放任其传播。

17

学习的智慧

通读正音

子曰："由，诲（huì）女（rǔ）知之乎！知之为知之，不知为不知，是知（zhì）也。"

疏通文义

"由"指的是子路，姓仲，名由，是孔子的弟子，长期追随孔子，为人坦诚直率。

"诲"是教导的意思。"女"同"汝"，是"你"的意思，这是文言文中很常见的一个通假字。"知之乎"中的"知"是求知、知道的意思。这句话的意思是：教给你关于求知的正确态度。

"知之为知之，不知为不知"这一句中的这几个"知"都是知道的意思，这句话的意思是：知道就是知道，不知道就是不知道。

"是知也"中的"知"同"智"，是智慧的意思。

整体翻译

孔子说："子路啊，我教给你关于求知的正确态度！知道就是知道，不知道就是不知道，这就是智慧啊！"

领悟真义

孔子这番话想表达什么呢？子路这个人非常好强，也很有脾气，这就导致他有一个毛病，那就是很冲动，过于自信。所以孔子教育他说，让他知道了就说知道了，不知道也不要因为怕丢脸说自己知道，这样叫自欺欺人。

真正的学习的智慧就是，知道就说知道，不知道就说不知道，保持好学的心，不要盲目自大，要知道学无止境呀！这种学习态度就是最聪明的。

18

小心谨慎，才能减少懊悔

子张学干禄。子曰："多闻阙（quē）疑，慎（shèn）言其余，则寡（guǎ）尤（yóu）。多见阙殆（dài），慎行其余，则寡悔。言寡尤，行寡悔，禄（lù）在其中矣。"

"子张"是孔子的学生，复姓颛（zhuān）孙，名师，字子张。"干"就是谋求的意思；"禄"指俸禄，代指官职；"干禄"就是谋求禄位，即求职的意思。

"多闻"的意思是多听别人的意见。"阙"同"缺"，空缺的意

思；"阙疑"的意思就是把疑难问题留着，不下判断。"慎"是谨慎，"慎言其余"就是说其余确信无误的见解说出来也得小心谨慎。"寡"指减少。"尤"指过失。

"多见"是指多看别人做事。"阙殆"与"阙疑"对称，同义，都是存疑的意思。"慎行其余，则寡悔"的意思是：其余有信心的部分做的时候也要谨慎小心，这样就能减少懊悔了。

整体翻译

子张向孔子请教求得官职俸禄的方法。孔子说："多听别人的意见，暂时放下有怀疑的地方，其余确信无误的见解说出来也得小心谨慎，这样就能减少过失。多看别人做事，暂时保留有怀疑的地方，其余有信心的部分做的时候也要谨慎小心，这样就能减少懊悔了。言语少过失，做事少后悔，谋求官职俸禄之道就在这里面了。"

领悟真义

孔子的这句话是在告诉我们为人处世，首先要多听少说。我们在和人沟通的时候，要多听别人讲话，对其中有疑问的地方先不去判断，更不要直接去反驳，没有疑问的见解也得谨慎地说出来。做事时也是同理，要多看别人做事，觉得有危害的事情先不要去做，在做自己觉得没问题的事情时也要谨慎。

　　说话前先看说的话是否会冒犯别人，做事前多方考虑，谨慎行事，能够保证不后悔，这就是孔子口中做官求职的道理。这也是我们常说的三思而后行。

19

辨别忠奸的方法

哀公问曰："何为则民服？"孔子对曰："举直错诸枉（wǎng），则民服；举枉错诸直，则民不服。"

"哀公"是春秋时期鲁国的最后一位国君，谥号"哀"。"何为则民服"是说怎么做才能让百姓服从？

"对"指的是对国君以及上位者的回答，以表示尊敬。

"举"是举荐、提拔的意思。"直"指的是正直的人。"错"是放置的意思。"诸"相当于"之于"，"之"是指那些正直的人。"枉"

是弯曲不正的意思，这里指小人。"举直错诸枉"的意思是：把正直的人提拔起来，放在奸邪小人之上。

与此相对，"举枉错诸直"的意思就是：把奸邪小人提拔上来，使他们位居正直的人之上。孔子说，前者能使民众服从，而后者不能。

整体翻译

哀公问："怎么做才能让百姓服从？"孔子回复说："把正直的人提拔起来，放在奸邪小人之上，这样百姓就会服从；把奸邪小人提拔上来，使他们位居正直的人之上，这样百姓则不会服从。"

领悟真义

孔子用这句话规劝君主：君主要任用正直的人，不要任用奸邪的小人，这样才能受到百姓的爱戴。如果君主任用的都是小人，就一定会被推翻统治。为什么呢？因为小人总是很自私，当这种自私的人做了官，他就会为了自己的利益去剥削普通民众，时间长了，民众自然会起反抗之心，想要推翻君主的统治。实际上，千百年来的王朝更迭，遵循的就是这样一个规律。

有一句话叫"亲贤臣，远小人"，人人都希望能亲近贤臣，远离小人。但是如何分清谁是贤臣，谁是小人呢？一般情况下，贤臣不会围着君主天天转，天天说一些好听的话，他们总是做的多过说的；小人表面上总是很谄媚，表现得很贴心，实际上却暗藏祸心。至于怎样能辨别忠奸？这就得需要更大的智慧了。

20

你爱人，人自会爱你

季康子问："使民敬、忠以劝，如之何？"子曰："临之以庄，则敬；孝慈，则忠；举善而教不能，则劝。"

"季康子"是鲁国的大夫，鲁哀公时担任正卿，是当时鲁国最有权势的人。

"使民敬、忠以劝"就是让百姓对当政者恭敬、忠诚，而且互相劝勉上进。其中"以"是连词，表示动作行为的并列关系。

"临"是对待的意思，"庄"是端庄严肃的意思，"临之以庄"

100

就是对待百姓态度庄重。"则敬"的意思是百姓就会敬重你。

"孝慈，则忠"的意思是你孝顺父母，慈爱百姓，百姓就会忠诚于你。

"举善"指的是举荐德才兼备的人，"教不能"指教导能力弱的人，"则劝"的意思是百姓就会互相劝勉上进。

整体翻译

季康子问孔子："要让百姓对当政者恭敬、忠诚，而且互相劝勉上进，怎么做呢？"孔子说："你对待百姓态度庄重，百姓就会敬重你；你孝顺父母，慈爱百姓，百姓就会忠诚于你；你提拔任用德才兼备的人，把知识和技能传授给能力弱的人，百姓就会互相劝勉上进了。"

领悟真义

季康子问孔子，怎么让人民对管理者恭敬、尽忠尽力、互相劝勉？孔子的回答很有趣。

纵观孔子的整个回答，他的意思其实是：你想让别人怎么对你，首先要看你怎么对待别人。

治国的时候端庄严肃，不懈怠，这样你自然就会得到人们的尊敬；只要你能够孝敬父母，关爱下属，那么你自然就会得到下属的忠心；如果你能把有才德的人提拔上来，教给能力弱的人知识，这样百姓有了正确的指引、有了努力的方向，就会好学向上、彼此勉励了。

21
所谓政治

通读正音

或谓孔子曰："子奚（xī）不为政？"子曰："《书》云：'孝乎！惟孝，友于兄弟，施于有政。'是亦为政，奚其为为政？"

疏通文义

"或"在这里是一个代词，指有的人。"奚"是疑问代词，为什么。"为政"即处理政事，也就是从政做官的意思。这句就是说，有人问孔子他为什么不入仕做官。

"《书》"指的是《尚书》，儒家经典之一。

　　"惟"是只有的意思。"孝"指的是孝顺父母。"友于兄弟"就是友爱兄弟。"施于有政"即"施于政",其中"施"是扩展的意思,这里是说把这种孝顺父母、友爱兄弟的风气扩展到政治上去。

　　"是亦为政"中的"是"是一个代词,"这"的意思,这句话的意思是:这也是参与政治。"奚其为为政"的意思是:为什么一定要做官才算是参与政治呢?

整体翻译

　　有人问孔子:"您为什么不参与政治呢?"孔子说:"《尚书》中说:'孝啊!只有孝顺父母,友爱兄弟,进而把这种风气扩展到政治上去。'这样做也是参与政治,为什么一定要做官才算是参与政治呢?"

领悟真义

孔子说的这番话，有它的时代背景。

鲁定公的哥哥鲁昭公被季氏的三个家臣驱逐，最后客死在晋国，三家立鲁定公为国君。鲁定公上任之后，却没治三家驱逐国君之罪，所以孔子才说了这番话来讽刺三家。

孔子认为的参与政治就是孝敬父母，兄友弟恭，营造一种良好的社会风气，这也算是参与政治了。其实这代表了中国人对政治的一种理解。真正的政治不是当官，更不是参与官场的斗争，而是我们的一言一行、一举一动。什么叫参与政治呢？只要自身保持清正廉洁、奉公守法其实就是对国家最大的政治贡献了。所以，我们每个人其实都在用自己的方式参与着政治。

22

诚信是交往的前提

通读正音

子曰："人而无信，不知其可也。大车无輗（ní），小车无軏（yuè），其何以行之哉？"

疏通文义

"人而无信"即做人没有信用，"不知其可也"的意思是不知道这怎么可以呢。

"大车"指古代用牛拉的车，"輗"指的是大车的车辕和车辕前横木相接的关键部分，没有它，车子就不能套上牲口，也就无法行走。"小车"指古代用马拉的车，"軏"与"輗"的作用是相似的。

"何以行之"即"以何行之",意思是靠什么行走前进呢。

整体翻译

孔子说:"作为一个人,如果他不讲信用,不知道这怎么可以呢?就像牛车没有輗,马车没有軏一样,它靠什么行走呢?"

　　"轫"与"軏"对于车来说是至关重要的，它们主要有两方面的作用：第一，它们可以把车连接到牛、马身上，让车可以被牛、马拉着往前走；第二，它们可以让车变得非常灵活。如果没有这两个部件，那么这辆车就是坏的。在这里，孔子将人的诚信比作车的轫与軏，可以说是十分的形象，也突出了孔子对于为人诚信的重视——人如果没有诚信，根本无法得到别人的信任，就相当于车没有了轫与軏，会寸步难行。而如果人和人之间没有了信任，人与人之间根本无法正常交往，社会也就停摆了。所以在孔子看来，诚信是非常重要的。

23

读历史可知未来

子张问："十世可知也？"子曰："殷因于夏礼，所损益，可知也；周因于殷礼，所损益，可知也。其或继周者，虽百世，可知也。"

疏通文义

"世"，古代称三十年为一世，即一代。"十世可知也"指的是今后十代的礼仪制度可以知道吗？

"殷"指的是商朝，因为商的第十代君王盘庚曾迁都于殷，所以商朝又被称作殷，或者殷商。"因"是沿袭的意思。"夏"指夏朝，是中国历史上有历史记载的第一个王朝，最后被商朝所灭。这里是说商朝沿袭夏朝的礼仪制度。

"损益"分别指废除和增加。

"周"指的就是周武王灭商后建立的周王朝。分东西两周，东周又分春秋和战国两个时期，最后终结于秦朝的大一统。

"其或继周者"中，"其"表示假设，"或"是有的，确切来说是有的朝代。这句话的意思是：假定以后有继承周朝的王朝。

"虽"是即使的意思。

整体翻译

子张问："今后十代（的礼仪制度）可以知道吗？"孔子说："可以呀，商朝沿袭夏朝的礼仪制度，废除和增加的内容，我们是知道的。周朝沿袭商朝的礼仪制度，所废除和增加的内容我们也是知道的。那么假定以后有继承周朝的王朝，即使以后一百代，它的礼仪制度也是可以预先判断的。"

领悟真义

"礼"指的是一种政治制度，是人们参与社会生活的共同准则，但它会根据社会风俗的变迁和人的内在需求而变化。每个朝代都会在上一个朝代的礼仪基础之上，根据社会现状，对政治制度进行增加或删改。

我们回首历史，便可以判断出哪些政治制度是改变的，哪些是不变的。我们看到的那些一直以来没有改变，现在仍旧保留的部分，或许未来也不会变，这样就可以说我们"预知"了未来。

所以，读历史可以知道未来。因为历史上发生过千百次的事情，在未来也可能还会发生。

24

做人要踏实勇敢

通读正音

子曰："非其鬼而祭之，谄（chǎn）也。见义不为，无勇也。"

疏通文义

"鬼"一般指已死的祖先，但有时也泛指鬼神。"非其鬼"就是指不是自己应该祭祀的鬼神。"谄"是谄媚的意思。

"义"指合乎道义的事情，"见义不为"就是看到合乎道义的事情却不做。

整体翻译

孔子说："不应该祭祀的鬼神，却去祭祀它，这是谄媚。见到合乎道义的事却不去做，这是不勇敢的表现。"

领悟真义

这里的"鬼"，狭义上指逝去的祖先，广义上指所有的鬼神。孔子认为可以祭祀，通过祭祀表达思念，表示感恩，这是一种对于宗族血缘的重视，也是对于孝道的表达，这是发自内心的，不掺杂功利目的的。但如果一个人去祭祀与自己无关联的祖先或神灵，那多是出于功利目的，去巴结某方势力，是一种谄媚的表现。另一方面，如果看见需要自己帮忙的人和事，比如看到孩子或老人摔倒，本该上去扶他，有些人却不敢，该做的正义之事却不去做，这就是没有勇气的表现。所以，孔子讲了这两件在当时社会上存在的不道德、不正义的事，想要给人们警醒。

八佾篇

01
八佾之礼

通读正音

孔子谓季氏："八佾（yì）舞于庭，是可忍也，孰不可忍也？"

疏通文义

"季氏"指的是季孙氏，可能是指季孙氏当时的家主季平子（季孙如意），鲁国大夫，他虽不是鲁国国君，但在当时却把持着鲁国的朝政。

"八佾"是古代舞蹈队列的一种形式，八个人为一行，叫一佾，八佾就是八行六十四人。但周礼规定，这个规模的舞蹈队只有天子能用，诸侯用六佾，大夫用四佾。季孙氏只是鲁国大夫，应用四佾，即三十二人，但他却用了八佾，即六十四人。这很明显是一种违背礼制的行为。"舞于庭"指在庭院中跳舞。

"是可忍"中的"是"是代词"这"。"忍"可以理解为狠心的意思；还有另一种说法，将"忍"理解为"忍耐、容忍"，也能说得通。"孰"是代词"什么"。这句话的意思是"这种事他都狠心做得出来，还有什么事他不能发狠心做出来呢？"或是"这种事情都可以容忍，还有什么不能容忍呢？"

整体翻译

孔子谈及季孙氏时这样讲："他在自家庭院中使用了八行六十四个人的舞蹈队列表演，这种事他都狠心做得出来，那还有什么事他不能发狠心做出来呢？"（或"这种事情都可以容忍，还有什么不能容忍呢？"）

领悟真义

　　鲁国是周武王之弟周公（姬旦）的封国。因为周公辅佐周成王有功，周成王为了表达对周公的感激，特允许鲁国享有天子独有的祭祀天和祖庙的特权。也就是说，周朝特有的礼，鲁国一样有。这是其他诸侯国所没有的，但仅限于周公，鲁国的后世君主就不能再用了。

　　我们今天讲的这句话的主人公季氏，连诸侯都不是，只是大夫，却用了只有周天子能用的八佾之礼，可谓十分僭（jiàn）越。所以，孔子认为不能再容忍季氏。但孔子只是一介书生，所以他只能用言语抒发自己心中的不满。

　　孔子的这种悲愤的心情，自古至今，是无数人感同身受的。骆宾王就曾写下著名的《为徐敬业讨武曌檄》，公然指责武则天"一抔之土未干，六尺之孤何托"（先帝的坟土尚未干透，我们的幼主却不知道被贬到哪里去了），谴责她的狠心无情，控诉她的掌权是对李唐王朝的严重威胁，展现出一种"是可忍，孰不可忍"的强烈愤懑和坚决反抗的态度。

02

无礼即反叛

三家者以《雍》彻。子曰："'相（xiàng）维辟（bì）公，天子穆（mù）穆'，奚（xī）取于三家之堂？"

疏通文义

"三家"指的是鲁国的三个大夫，即仲孙氏、叔孙氏和季孙氏，他们都是鲁桓公的后代，故称"三桓"。文公死后，三桓势力日强，分领三军，实际掌管了鲁国的政权。

"《雍》"是《诗经》中的一篇，是天子祭祀完后在撤去祭品时要唱的诗歌，即天子所用的国乐。"彻"同"撤"，指在祭祀结束之后撤去祭品。"以《雍》彻"是指用天子的礼仪唱着《雍》撤除祭品。

"相维辟公，天子穆穆"是《诗经·周颂·雍》中的诗句。"相"指助祭的人；"维"是用于句中的助词，可以译为"是"；"辟公"指诸侯；"穆穆"是庄严肃穆的样子。这句诗的意思是：助祭的是诸侯，主祭的是庄严肃穆的天子。

"奚"表示疑问，意思是怎么。"取"是获得的意思，"堂"指祭祀的庙堂，"取于三家之堂"的意思是用在了三家大夫祭祖的庙堂上。

整体翻译

仲孙、叔孙、季孙三家大夫，在祭祖完毕时，用天子的礼仪唱着《雍》撤除祭品。孔子说："（《雍》诗说的）'助祭的是诸侯，主祭的是庄严肃穆的天子'，（这句诗）怎么能用在三家大夫祭祖的庙堂上呢？"

领悟真义

三家大夫的地位比天子低，却敢使用天子的礼仪。他们做这样违礼的事情，是无视君主的表现。他们都生出了这种反叛之心，鲁国岂不是就要陷入动乱了？同前面我们讲的"是可忍也，孰不可忍也"这句话一样，孔子把它说出来，也是表达自己的愤怒和不满。

03
仁在心中

子曰："人而不仁，如礼何？人而不仁，如乐（yuè）何？"

疏通文义

"人而不仁"的意思是做人没有仁爱之心。

"如"是对待的意思，"如礼何"的意思是会怎样对待礼仪呢？
"如乐何"的意思是会怎样对待音乐呢？

整体翻译

孔子说："做人没有仁爱之心，他会怎样对待礼仪呢？做人没有仁爱之心，他会怎样对待音乐呢？"

领悟真义

"仁"在《论语》当中多次出现，它表示的是一种发自内心的爱，是心中的一股真情实感。如果祭祀时有仁爱之心，那么礼仪就是其外在的一种呈现，让人表现得非常真诚。音乐也是如此，因为礼乐不分家。而如果没有仁爱之心，那要怎样对待礼仪和音乐呢？即便用了这样的礼节和音乐又有什么作用呢？岂非装腔作势？所以说，施行礼乐的背后必然要有敬意、有爱心，如果没有，只是把礼节和仪式表现出来，这没有任何的价值和意义，是虚伪的，起不到修养德行的作用，也没有教化意义，孔子对此是不屑一顾的。

我们如果爱自己的亲人、自己的祖国，会发自内心地尊重和重视对待亲人和祖国的礼仪，看到父母辛苦会心疼并上前帮忙，看到国旗冉冉升起会肃然起敬——这就是"仁"。如果只是表面上虚与委蛇，而没有放在心上，那又有什么用呢？

04
礼仪之本

　　林放问礼之本，子曰："大哉问！礼，与其奢（shē）也，宁俭；丧，与其易也，宁戚（qī）。"

　　"林放"字子丘，春秋时期鲁国清河（今新泰放城）人，据传是孔门"七十二贤人"之一，是孔子的得意门生。

　　"问"在这里可以解释为请教。"本"是本质的意思。

　　"大哉问"是说这个问题问得好啊，意义重大。

　　"奢"是场面奢侈、奢华的意思。"俭"是节约、节俭的意思。

"易"是治理、治办的意思，这里指的是仪式大操大办。"戚"是忧伤、悲伤的意思。

整体翻译

林放问礼的本质是什么。孔子说："你的问题意义重大！就一般礼仪而言，与其讲究场面奢华，宁可节俭；就办丧礼来说，与其大操大办，不如内心真正的悲伤。"

领悟真义

丧礼最初的本质，就是通过伤心哭泣来表达对先人的思念。后来形成了很多规矩，比如着丧服、哭丧等。但如果仪式搞得太奢华，人们的内心却不悲伤，这并不符合"礼"。因为没有真情实感。

孔子之所以提出这个问题，是因为当时鲁国的风气是大家都追求仪式，而忽略仪式背后真正的价值，孔子由此发出灵魂的拷问。

联想到今天现实生活中的饮食之礼，有些人喜欢讲排场，注重吃饭的规矩。但最初的饮食之礼不过就是有碗盛饭有盏喝酒罢了，注重的是彼此内心的尊重和热情。所以我们现在学习礼，应注重真情实感，从简而不从奢。

05
礼仪之邦

子曰："夷狄之有君，不如诸夏之亡（wú）也。"

　　"夷狄"，古代称呼东方部族为夷，北方部族为狄，这里泛指古时汉族对偏远地区的少数民族的称呼。"君"指君主、君王。

　　"诸夏"通常指汉族的前身，中原一带的华夏诸侯国。"亡"同"无"，没有的意思。

整体翻译

　　孔子说："夷狄这样地处偏远、文化落后的国家有君主，还不如中原各国没有君主呢。"

　　还有一种说法是，孔子说："夷狄这样地处偏远、文化落后的国家都有君主，而不像中原各国没有君主。"

领悟真义

　　在当时，中原各国之外，散布着许多少数民族，他们被称为东夷、西戎、南蛮、北狄。这些少数民族地处偏远，被认为没有文化和礼仪。而孔子的思想是以文化、礼仪为中心的，在他看来，一个没有文化的民族，是很难长久生存的，更不值得赞许。

　　而中原的国家是懂得文化和礼仪的，即使没有君主，大家也能遵循礼仪生活得很好。就像夏朝虽然亡了，但它的文化和精神流传了下来，因此成为文化的源头。比如说我们过年分为阴历年和阳历年，阴历年就是夏历，这就是夏朝留下来的文化。

　　但也有一种说法是，孔子这句话是说夷狄这种文化落后的少数民族尚且有君主，不至于像华夏诸国一样臣子僭越，没有上下尊卑之分了。这是对于当时华夏诸国礼乐制度崩坏的讽刺。

06
狂妄的季氏

季氏旅于泰山。子谓冉有曰："女（rǔ）弗能救与？"对曰："不能。"子曰："呜呼！曾谓泰山不如林放乎？"

"旅"指祭告，古时祭祀山川叫作旅。在当时，只有天子和诸侯才有祭祀名山大川的资格。季氏只是鲁国的大夫，竟去祭祀泰山。泰山地位特殊，后世的很多皇帝没有大的功勋作为都不敢去祭祀，所以孔子认为这是超越本分的行为，称作僭（jiàn）礼，意思是超越了被允许的范畴。

　　"泰山"素有"五岳之首""天下第一山"之称，位于山东省。中国五岳分别是：东岳泰山、西岳华山、南岳衡山、北岳恒山、中岳嵩山。古人认为泰山有神，被称为"东岳之神"。

　　"冉有"姓冉，名求，字子有，是孔子的弟子，当时做了季氏的家臣。冉有以杰出的行政才能而被孔子列为"政事科"学生之首。

　　"女弗能救与"的意思是：你不能阻止吗？其中"女"同"汝"，即"你"；"弗"是"不"的意思；"救"指的是设法谏止。

　　"林放"，前面我们讲过"林放问礼"，孔子这里想说林放是一个普通人，都懂得礼，东岳之神必然聪明正直，能不如林放吗？东岳之神不会享用季氏的祭礼。

整体翻译

季氏要去祭祀泰山。孔子对冉有说："你不能阻止吗？"冉有答道："阻止不了。"孔子说："唉！难道说东岳之神竟不如鲁国的林放（懂礼，而接受这种不合规矩的祭祀）吗？"

领悟真义

这里表达了孔子对季氏僭礼的贬斥，也是对林放知礼的赞扬，也是对冉有不作为的批评。

在古代，祭祀泰山是了不得的大事。在中国的封建王朝里，秦始皇曾经祭祀过泰山，叫封禅。女皇武则天也曾经祭祀过泰山。祭祀泰山的人都是皇帝，是天子，大夫是没有这个资格的。所以孔子想要冉有赶紧阻止一下季氏，可冉有却说自己真的阻止不了。

孔子因此发出感慨：难道东岳之神还赶不上林放吗？言外之意是你如果去祭祀，你认为东岳之神能保佑你吗？孔子在前面曾说过"非其鬼而祭之，谄也"，不是你应该祭祀的鬼神你却去祭祀，这是谄媚，自然无用。

季氏去祭祀泰山，并不是表达敬意，也不是尽自己的职责，他是希望通过拜神保佑自己，求得额外的权势地位。但这个行为已经超越了礼制。后来鲁国国君鲁昭公被季平子逼走，客死他乡，这种混乱的局面从季氏胆敢去祭祀泰山上就能预见一二，也能由此看出孔子的先见之明。

07

竞争要讲公平

子曰："君子无所争；必也，射乎！揖让而升，下而饮。其争也君子。"

"争"指竞争，"君子无所争"是说君子没有什么可与别人相争的事情。"必"的意思是一定要有（竞争）的话。"射"指射箭，古代六艺（礼、乐、射、御、书、数）之一。

"揖"指作揖，拱手行礼。"让"是谦让的意思。"升"指登堂，这里指进入比赛的场地。"下"则指比赛完下堂后。"饮"是一起喝酒。

128

"其争也君子"的意思是这样的竞争也是君子之争了。

整体翻译

孔子说:"君子没有什么可与别人相争的事情;如果一定有所争的话,那就是射箭比赛吧!(即使是这种比赛,对手们也是)先互相作揖、谦让,然后登堂较量;比赛完下堂后就一起喝酒。这样的竞争,也算是君子之争了。"

领悟真义

孔子讲的这番话大有深意，我们知道儒家有六艺，即礼、乐、射、御、书、数。礼是礼节，乐是音乐，射就是射箭，御是驾驶马车，书是读书写字，数是数学。其中射可以说是儒家的第一运动，而射是非常讲究礼仪的。

射箭比赛之前，对手会先作揖，表示谦让，然后登场。比赛结束以后，胜家向输家作揖，说"承让"；然后输家向胜家作揖。接着双方下场后一起喝酒，喝酒的时候也是相对站着一起喝。

射箭很重要的是要自己站得稳，站得正，瞄得准，如果自己射不中，你没有理由怪别人。这是你自己没有做好，要从自己身上找原因。射箭不同于其他与对手面对面、接触搏斗的运动，不需要想方设法击倒对方，只需自己看着箭靶，尽力瞄准射出就好。所以你的对手，更像是你的"战友"。大家相互劝勉，共同努力。这就是君子之争。

我们现在的社会发展离不开竞争，人自身修养的提高也离不开竞争。但是在竞争之前，应当保证竞争的公平、公正，不能为了取胜而不择手段。

08
绘事后素的道理

子夏问曰："'巧笑倩兮，美目盼兮，素以为绚兮'何谓也？"子曰："绘事后素。"曰："礼后乎？"子曰："起予者商也，始可与言《诗》已矣。"

疏通文义

"子夏"，名叫卜商，下文中出现的"商"指的就是他，他是孔子晚年的得意门生，"孔门十哲"之一，以"文学"著称。

"巧笑倩兮，美目盼兮，素以为绚兮"这三句诗原本是赞美一位女子的美丽容貌，前两句出自《诗·卫风·硕人》，后一句可能是遗

131

失的诗句。"倩兮"中的"倩"指笑时面庞美丽的样子，"兮"相当丁语气助词"啊"；"盼"是形容眼睛非常漂亮，黑白分明；"素"指白底；"绚"则是色彩华丽的意思。

"绘事后素"即"绘事后（于）素"，意思是绘画时先打白底，再涂上各种色彩。"绘事"就是画画，给画作涂抹颜色的意思。

"礼后乎"是说礼仪产生于仁德之后吗？

"起"是启发的意思。"予"是人称代词"我"的意思。这里孔子的意思是子夏能够举一反三，从诗歌想到礼，让孔子很高兴。

"始"指从现在开始。"言"是讨论的意思。

整体翻译

子夏问道："'（美女）漂亮的脸庞上笑容灿烂，明亮的眼睛顾盼动人，就好像洁白的素绢上绘着绚丽的图画'，这三句诗是什么意思呢？"孔子说："你看绘画，都是先有素底，然后再着色作画。"子夏说："这就是说礼仪也应产生在（仁德）之后吧？"孔子说："对我有所启发的是你卜商啊！现在可以与你谈论《诗》了。"

领悟真义

　　此句自古以来较为难解，有一种理解是美丽的女子令人赏心悦目，她脸上洋溢着灿烂的笑容，眼睛黑白分明、顾盼生辉，这洋溢的笑容和美丽的眼睛就像是素绢上的绚丽图画，点缀在她白皙的面庞上，让她显得格外美丽动人。这就像我们画画的时候，要有洁净素白的底子，才能衬托出颜色的美丽。如果没有素白的底子，纸本身是斑驳脏乱的，我们可以把画画好吗？

　　孔子生活的时代多用木板绘画，先画上其他部分，最后填充白色颜料（作背景用）。他说"绘事后素"可以理解为礼与"素"一样，应该产生在仁德（"绘"）之后，本质上是君子仁德、修养的一种外在呈现。也就是说，对他人心怀尊重，你就会有礼貌，如果心中没有敬，那表现出来的也只是虚礼，是假意堆笑，经不起一点考验。

　　子夏对这句话的理解很透彻，他读懂了孔子的内心，孔子听了之后特别开心，所以才会说现在可以跟他一起探讨《诗经》了。

09

学习历史，践行文化

子曰："夏礼，吾能言之，杞（qǐ）不足征也；殷礼，吾能言之，宋不足征（zhēng）也。文献不足故也。足，则吾能征之矣。"

疏通文义

"夏礼"指的是夏朝的礼制。"言"是说出、道出的意思。

"杞"，国名，指杞国。就是成语"杞人忧天"中杞人所在的杞国。杞君是夏禹的后代，所以保存了夏礼。但是孔子访问过杞国，杞国人早已不按照夏礼来生活了，是以孔子有此一说。"征"是证明的意思。

"殷礼"指殷商的礼制。"宋"，国名，指宋国。宋君是商汤的后代，孔子也访求过宋国，发现宋国也不按照殷商的礼节来生活了。

"文献"是两件事，"文"指典籍，"献"指熟练掌握典籍的贤人。"足"即充足。"故"指"是……的缘故"。

"足，则吾能征之矣"中的"足"带有假设语气，指如果典籍和贤人充足的话。

整体翻译

孔子说："夏朝的礼节，我能够说出来，但是他的后代杞国不足以证明。殷商的礼制，我能够说出来，但他的后代宋国也不足以证明。这是他们的典籍和熟悉夏礼、殷礼的贤人不多的缘故。如果典籍和贤人充足的话，我就可以证明我所说的了。"

领悟真义

孔子这句话的意思是，当时有很多记载先朝礼节的文献，但是按照文献所说去身体力行的人实在是太少了，没有办法对典籍中记载的事情进行很好的证明。如果贤人足够多，都去证明这些礼节是正确的，他就可以证明自己所说的典籍里的那些礼节都是真实存在的。虽然他自己就一直在做这样的事情，但是他更希望实行这种礼节的人越多越好。其实这也反映了孔子对知识的慎重和求实的精神。

生活在现代的我们也是一样，应该特别注重自己的民族文化历史，不仅要学习掌握，还要身体力行。

10

礼重于心意，
而非形式

子曰："禘（dì）自既灌而往者，吾不欲观之矣。"

疏通文义

"禘"是周朝的一种极为隆重的祭祖的典礼，只有周天子才能用，但周成王因为周公旦对王朝所做的巨大贡献，特许他举行禘祭，而鲁国之后的其他君主则没有这种特许，但他们却依然这样做。

"自……而往者"就是从……之后。"既"是表示动作已经完成，"灌"，本作"祼"（guàn），是祭祀中的一个节目，指的是祭祀开始的时候首先向受祭者献酒，使他闻到"郁鬯（chàng）"（一种

136

配合香料煮成的酒）的香气。"既灌"指灌礼完成之后。

"欲"指想要。"观"指观看。

整体翻译

孔子说："禘祭的礼仪，从第一次献酒之后，我就不想再往下看了。"

领悟真义

孔子为什么不往下看了呢？答案很明显。只有周天子和特许的周公旦才有资格进行的禘祭，周公的后代是没有资格举行的。但是现在鲁国总在举行这样的仪式，显然已经违背了礼节。所以孔子说，在第一次献酒之后，他就不想再看了，因为都是违背礼节的事情，这些程序都是假的，没有肃穆，没有真诚。

在我们现代生活里，祭祀之礼已经淡化了许多，但仍有大量遗存。比如，为逝者举办隆重的葬礼，在先人的忌日或者清明节、中元节为先人扫墓等。在举办这些仪式时，如果只讲究场面大、花费高，却少了深深的哀思、真挚的怀念等情怀，只注重形式，便失去了祭祀的意义。

11

依礼而行，才能条理有序

或问禘（dì）之说。子曰："不知也；知其说者之于天下也，其如示诸斯乎！"指其掌。

"或"是一个不定代词，指有的人。"问"指请教。"禘之说"指关于禘礼的规定、理论等。

"不知也"的意思是不知道。鲁国举行天子之礼，在孔子看来是越礼的行为，但是孔子又不想明白指出，便说"不知也"。

"知其说者"指知道禘礼理论的人。"之于天下"的意思是对于治理天下来说。

"其如示诸斯乎"一句中，"其"译为大概。"如"是像。"示"有两种解释：一种为假借字，通"置"，摆、放的意思；一种同"视"，看、观察的意思。两种说法都能说通。"诸"相当于"之于"。"斯"指后面的"掌"字。整句话的意思是：大概会像把东西摆放在这里一样容易吧。

整体翻译

有人向孔子请教关于禘礼的理论。孔子说："我不知道；知道禘祭学问的人对于治理天下，大概会像把东西摆放在这里一样容易吧。"孔子一面说，一面指向自己的手掌。

领悟真义

孔子是不知道禘礼吗？孔子当然知道，但他都"不欲观之"了，自然也"不欲说之"，主要是多说也无用啊。

但是孔子知道，国家的每一项礼仪背后都有它的意义，如果你真的懂得禘祭的礼仪、程序和它背后的意义，那么治理天下就变得非常容易了。所以这句话其实是在批评鲁国的国君。仪式的背后是虔诚，是精神，是价值体现，如果用错了，国家就会乱套。

孔子也在提醒后人，大到国家，小到组织，都应该有自己的"礼制"，否则就会因秩序混乱而最终走向失败。

12

做事重在心诚

祭如在，祭神如神在。子曰："吾不与（yù）祭，如不祭。"

"祭如在"中的"祭"指祭祀，更确切地指祭祀祖先，"在"指存在。意思是：祭祀祖先时，好像祖先真的在那里。后一句是说祭祀神的时候，也要像神真的在那里。

"与"指参与。"如"是如同的意思。

整体翻译

祭祀祖先时，好像祖先真的在那里；祭神的时候，好像神真的在那里。孔子说："我如果不能亲自参加祭礼（而请别人代祭），那祭了如同不祭。"

领悟真义

孔子通过这句话主要想告诉我们，做事重在心诚。比如给祖先扫墓，如果有事没法去，而是让别人替我们去上一炷香，磕一个头，这就等于没有祭祀，并不是出自真心的哀思。

孔子认为，对于祖先、对于神灵要有敬畏之心，而不只是注重一个外在的形式。

13

坚持独立的人格

王孙贾（gǔ）问曰："'与其媚（mèi）于奥，宁媚于灶'，何谓也？"子曰："不然，获罪于天，无所祷（dǎo）也。"

疏通文义

"王孙贾"是卫国大夫，权臣。据说他是周王之后，因得罪周王，出仕于卫。这个人非常有勇气，也有谋略。他的问话，用的是比喻，带有挑衅意味。

"媚"指讨好。"奥"指后室的西南角，被视为尊者所居的位置，掌管这个位置的神是奥神，是一家之中的主神。"灶"指的是灶神，

142

古人认为灶里有神，因此在灶边祭之。这里王孙贾用"奥"比喻卫灵公。
"奥"是尊贵的地方，但它通常是空闲的，以喻国君虽然地位很高，
但如果不管理国家大事，对人民就没有帮助。而"灶"是烧火做饭的
地方，虽然它在家中地位不高，却是非常重要的，为家中急用。王孙
贾用"灶"来比喻自己，就是说虽然他不像"奥"那样显眼，但他手
里有实权，对国家有很大的作用，暗示孔子与其巴结卫灵公，不如巴
结自己更实惠。这是孔子周游列国时在卫国发生的事。

　　"然"表示肯定，可翻译为"这样"，"不然"即不是这样的。
"获罪于天"指得罪了上天。"无所祷"的意思是没有可以祈祷的人。

整体翻译

王孙贾问："'与其讨好奥神，不如讨好灶神'，这句话是什么意思呢？"孔子说："不是这样的，如果你得罪了上天，向谁祈祷都是没有用的。"

领悟真义

孔子这句话的意思是与其巴结位高权重的人，不如把自己的事情做好。如果违背了正义，得罪了百姓，奉承谁都没有用。这也是儒家一贯奉持的价值观。

作为正人君子，必须要有独立的价值观和独立的人格，不能依附于他人生存，光依靠别人是靠不住的，大多时候还是得依靠自己。因此，我们做任何事情都不能违背正义，这样我们才有勇气，也才有底气坚持自我，勇往直前。这也是孔子在这句话里想要给王孙贾的告诫。

14

辩证对待历史

子曰：“周监（jiàn）于二代，郁郁乎文哉！吾从周。”

"周"指周朝。"监"同"鉴"，意思是借鉴。"二代"指夏、商二代。

"郁郁"是茂盛、辉煌的样子。"文"此处指周朝的礼乐制度。

"从"这里是赞同、支持的意思，孔子支持的是周朝的礼乐制度。

整体翻译

孔子说："周朝的礼乐制度是借鉴夏、商两朝制定的，多么丰富而辉煌啊！我赞同周朝的礼乐制度。"

领悟真义

孔子认为周朝的礼乐制度尽善尽美。周朝借鉴了夏、商两代千余年的文明成果，又通过改革和创新，开创了属于自己的礼制文化，形成了完备的礼法制度，无论是在形式上还是内容上，周朝的礼乐制度都要比前朝完善许多，这也是孔子对周礼赞赏有加的原因所在。

礼制是中国文化的核心内容，对于传统文化我们应秉承的态度是，既要继承，又要发展。一个国家或民族的文化形态和精神，都是经由历代积累而成的，带有统一的底色，也有历史性的部分。我们要采取科学的态度，取其精华，去其糟粕，辩证地学习历史文化。

15

虚心好学的孔子

子入太庙，每事问。或曰："孰（shú）谓鄹（zōu）人之子知礼乎？入太庙，每事问。"子闻之，曰："是礼也。"

"太庙"，开国的君主叫太祖，太祖的庙叫太庙。这里指周公的庙，周公是鲁国的始祖。"每事"就是每件事的意思。这句是说孔子进入太庙后，每件事都要问一问。

"或"指有的人。"孰"是"谁"的意思。"鄹"是鲁国地名，在今山东省曲阜市东南。孔子的父亲做过鄹大夫，所以这里称孔子的父亲为"鄹人"，称孔子为"鄹人之子"。这句话是说，有的人因为孔子每件事情都问，因此发问："谁说孔子懂礼呢？"但孔子回复说："这就是礼。"

整体翻译

孔子进了周公庙，每件事都要问一问。有人便说："谁说叔梁纥（hé）的儿子孔子懂得礼呢？他进入太庙，每件事都要问一问。"孔子听了这话，说："这正是礼啊。"

领悟真义

孔子进入周公的太庙后，每件事要问一问，其实这是对周公的恭敬，也是对太庙管理人员的尊重。孔子认为这是一种礼节，在太庙里，所见所思都是对先人的缅怀和追忆，所以要有敬畏之心、尊重之心，不能随便造次，要做到虚心请教。

孔子这种"每事问"的行为也体现了他谦逊好学的态度，他正是认为学无止境，才总会虚心向人请教。我们在日常生活中也要做到谦虚好学，乐于提问。

16

射箭的礼节

子曰："射不主皮，为（wèi）力不同科，古之道也。"

疏通文义

"射"此处指的是演习礼乐的文射，而不是战场上的武射。"主"是主要，以……为主的意思。"皮"是古代的箭靶子，是用兽皮或者布做成的，这里用作动词，指射穿箭靶。"射不主皮"的意思就是：射箭不以射穿箭靶为主。

"为"是因为的意思，"力"指力气、力量，"科"指的是等级。这句话的意思是：因为每个人的力气大小不同。

"道"指的是规矩，"古之道"指自古以来的规矩。

整体翻译

孔子说："比赛射箭，不一定要射穿箭靶，因为每个人的力量大小是不一样的，这是自古以来的规矩。"

领悟真义

射，是周代贵族经常举行的一种礼节仪式，属于周礼的内容之一。这里也反映了孔子不崇尚力量的一种思想。

前面我们讲过，射箭其实是一种君子之争，比赛之前先得相互作揖，比赛完之后输家恭喜赢家，赢家说："不好意思，承让了。"下场后大家还要一起喝酒，这是一种礼节。因此射箭不是比互相的力量，虽然会以射中箭靶的情况定输赢，但比赛过程中体现的礼节更让人重视。东汉马融写道："射有五善焉，一曰和志，体和。二曰和容，有容仪。三曰主皮，能中质。四曰和颂，合《雅》《颂》。五曰兴武，与舞同。"可见，射箭的五种好处中，"和志"（内心平和）与"和容"（仪容得体）是更为重要的，古人通过射箭来表现礼仪，体现德行。那以什么标准为赢呢？只要"中质"（射中靶心）就算赢，而不讲求"主皮"。此处孔子批评的是，在礼崩乐坏的背景下，礼射的重点被转移了。

17

为何礼不能减

子贡欲去告朔（shuò）之饩（xì）羊。子曰："赐也！尔爱其羊，我爱其礼。"

"去"是去掉、废除的意思。

"朔"指每月的第一天。周天子于每年秋冬之交向诸侯颁布来年的历书，历书包括明年有无闰月、每月的朔日是哪一天，这就叫"告朔"。诸侯接受历书后，藏于祖庙。每逢初一，便杀一头活羊祭于庙，表示每月听政的开始。"饩羊"指的就是祭祀用的活羊，羊杀而不烹

151

叫"榨（zhà）"，烹熟则叫"飨（xiǎng）"。告朔饩羊是古代的一种祭礼制度。

"赐"指子贡，子贡名为端木赐。

"爱"是可惜、舍不得的意思。

整体翻译

子贡想把每月初一用活羊告祭祖庙的制度废除。孔子说："赐呀！你可惜那只羊，我则可惜那种礼。"

领悟真义

孔子这番话的意思是说，如果告祭祖庙时连活羊都省了，那么想把这种礼仪再恢复的可能性就更小了，这种礼仪也许就彻底失传了，这对社会的稳定显然是不利的。其实这也是孔子对这种礼仪制度逐渐丧失的一种痛惜之情。

孔子始终认为礼不可废。就像古代皇帝上朝，君臣之间有严格的朝仪，权力再大的臣子，也应该行礼如仪，若臣子能始终坚持这种礼节，就不容易产生犯上作乱的心思，否则就容易发生弑君夺权的行为。比如，在汉魏之际，曹操、司马昭这样的权臣屡屡破坏朝仪，所谓"剑履（lǚ）上殿（佩着剑穿着鞋上朝，被视为帝王特许的极大优待），赞拜不名（臣子朝拜帝王时，赞礼官不直呼其姓名，只称官职。这是皇帝给予大臣的一种特殊礼遇）"，连礼节的形式都不存在了。接下来，就发生了改朝换代的篡权行为。所以说没有规矩不成方圆。

在有些时候，必要的仪式还是得有的。就像我们的升旗仪式、学校的开学典礼，甚至是学生上课前向老师问好等，这些形式对于人心的凝聚和秩序的稳定是有帮助的，所以不可小觑。

18

坚持本心，勿听他论

子曰："事君尽礼，人以为谄（chǎn）也。"

"事"是侍奉的意思，"君"指君主，"事君尽礼"就是按照礼节去侍奉君主。

"谄"是讨好的意思。

整体翻译

孔子说："按照礼节去侍奉君主，别人却认为这是在讨好君主。"

领悟真义

什么是礼？古人解释说"礼，履也"，就是一个人必须遵守的规范和履行的责任。

在孔子所处的那个时期，鲁国权臣当道，君臣关系已经遭到了破坏。所以，有人做到了尽臣子之礼服侍君主，却反被认为是在谄媚，于是孔子发出了这样的感慨。孔子就是谨遵臣子本分礼待君主的人，在礼崩乐坏的环境下依旧坚持道义，这不是在献媚，而是在遵守规范，尊重本心。

不同流合污，始终坚持本心，这是一种十分可贵的品质。

19

以礼待臣，以忠事君

定公问："君使臣，臣事君，如之何？"孔子对曰："君使臣以礼，臣事君以忠。"

"定公"是鲁国的国君，姓姬，名宋，承袭鲁昭公担任君主，"定"是他的谥号。

"使"是任用的意思。"事"是侍奉的意思。

"如之何"即如何、怎样的意思，这里指该怎样去做。

整体翻译

定公问道："君主任用臣子，臣子侍奉君主，应该怎么去做呢？"孔子回答说："君主应该按照礼节对待臣子，臣子应该以忠心侍奉君王。"

领悟真义

孔子在这里阐释了正确处理君臣关系的基本原则。君主应当以礼待臣，臣应当以忠事君，这样君臣之间才能和谐相处。如果君臣之间不能形成这样良好的关系，那就会后患无穷。

这个原则也适用于我们的学习、生活。比如，在学校里，老师用恰当的方式指导学生，学生则应尊敬老师并努力学习。如果师生之间能够建立起这样良好的关系，那么学习和教学的过程就会变得很愉快。

可见，孔子说的虽然是君臣之道，但放到今天，也是每个人做事、做人可以遵循和参考的道理。

20

把握分寸感

子曰："《关雎（jū）》，乐而不淫，哀而不伤。"

"《关雎》"是《诗经》的第一篇，是描写青年男女爱情的诗歌。

"乐"是快乐。"淫"是过分享乐以至于放肆、放荡。"哀"是哀怨、悲哀。"伤"是悲痛以至于伤害身心。这两句都是说《关雎》感情真挚但是又十分节制。

整体翻译

　　孔子说："《关雎》这首诗，快乐却不放荡，哀婉而不痛苦。"

领悟真义

《关雎》

　　关关雎鸠（jū jiū），在河之洲，窈窕（yǎo tiǎo）淑女，君子好逑（qiú）。

　　参差荇（xìng）菜，左右流之。窈窕淑女，寤寐（wù mèi）求之。

　　求之不得，寤寐思服。悠哉悠哉，辗转（zhǎn zhuǎn）反侧。

　　参差荇菜，左右采之。窈窕淑女，琴瑟友之。

　　参差荇菜，左右芼（mào）之。窈窕淑女，钟鼓乐（lè）之。

　　雎鸠，是一种水鸟，有多种解释，可能是鸳鸯、鹗（俗称鱼鹰）等；关关，是水鸟的叫声。这里是以鸟儿相向合鸣的景象，来引出男子追求女子、彼此琴瑟和鸣的联想。

　　这首诗讲的是当时青年男女在外面玩耍，突然间青年男子看到了美丽的姑娘，于是心里特别欢喜，想和姑娘成为朋友，晚上还一直想得睡不着觉。第二天，男子又看到了姑娘，他弹起琴来向姑娘表示友好和亲近，用钟鼓奏乐来逗姑娘开心。这种纯洁美好的情感让人动容。

《关雎》这首诗讲的是一个简单有趣的爱情故事。孔子的这句话则表达了对这首诗的认同，欣赏其所表达的真挚的情感，同时通过这首诗表达了一个观念，那就是凡事要把握好尺度，过犹不及。这体现了儒家的中庸之道。

关于这一点，大王老师有一个故事要讲给你听。

知识
拓展

淳于髡（kūn）巧谏齐威王

战国时期的齐威王嗜酒，对朝政也很懈怠。楚国借机向齐国用兵，齐威王惊慌失措，好在淳于髡解了齐国之危。事后，齐威王赐酒给淳于髡。淳于髡便借机向齐威王进谏说："喝酒喝得多了就会乱了礼节，人们快乐到了极点可能就要发生一些悲伤之事。任何事情都是一样的，只要超过了一定的限度，都会走向它的反面。"齐威王听到淳于髡的话，改掉了酗酒的恶习，励精图治，通过一系列的改革，使齐国强大起来。

这个故事告诉我们，做人做事应当把握好分寸，不能只知道贪图享乐。

21
既往不咎

哀公问社于宰我。宰我对曰："夏后氏以松，殷人以柏，周人以栗（lì），曰：使民战栗。"子闻之，曰："成事不说，遂事不谏（jiàn），既往不咎（jiù）。"

疏通文义

"哀公"指的是鲁哀公，姬姓，名将，是鲁定公之子。

"社"指的是土地神，古代祭祀土地神，要为土地神立一个木质的牌位，叫作"神主"。祭祀时，人们就对着牌位行跪拜之礼。这里的"社"指的就是土地神的木质牌位。

"宰我"是孔子的弟子，姓宰，名予，字子我。

"夏后氏"是古部落名，相传禹为部落长，后来他的儿子启确立王位世袭制，建立了夏朝。"以"是用的意思。"松"即松木。这句话是说夏朝的人用松木做土地神的神位。

"殷"即商朝，商朝人用柏木做土地神的神位。

"栗"指栗木。"战栗"形容战战兢兢、很恐惧的样子。这句话是说周朝人用栗木做土地神的神位，取"栗"能让百姓"战栗"之意。

"成事"指的是已经过去的事情。"说"在这里是解释、评论的意思。"遂事"指的是已经完成的事情。"谏"指规劝，使改正错误。"既往"也是指已经过去的事。"咎"指责备。

整体翻译

鲁哀公问宰我，做土地神的神位应该用什么木料。宰我回答说："夏朝的人用松木，商朝的人用柏木，周朝的人用栗木，目的是使百姓战栗。"孔子听到这些话，（告诫宰我）说："已经过去的事不用解释了，已经完成的事不要再劝谏了，已过去的事也不要再追究了。"

领悟真义

鲁哀公问宰我土地神的牌位要用什么材质的木头制作，宰我告诉鲁哀公，夏朝人用松木做土地神的牌位，商朝用柏木，松柏有长寿的寓意，因此两朝都有长久统治天下之意；但周朝人用栗木，却是为了让百姓"战栗"。

但是实际上，夏朝在河东，松树是非常常见的树木；商朝时，柏树也是非常常见的树木；同理，周朝的栗木也是土生土长的常见树木。三代立社，选用的都是适合当地土壤的木材。所以孔子认为，树的名字跟寓意并没有多大关系，只是小题大做。孔子知道宰我的解释是错误的，因此他也批评了宰我，告诫宰我做人、做事要谨慎，否则会影响到君王做出正确的决定。

孔子教训宰我的这三句话，为后世确立了一个对待过去错误或失败的原则，即"既往不咎"。我们不应该纠缠于过去的错误和失败，要放下包袱，轻装上阵，以轻松的心态面对未来，养成豁达的心态。但是与此同时，我们也应该有必要的检讨和反省，以防我们在错误的道路上一错再错。

22

为政者要有容人之量

子曰："管仲之器小哉！"

或曰："管仲俭乎？"曰："管氏有三归，官事不摄（shè），焉得俭？"

"然则管仲知礼乎？"曰："邦君树塞门，管氏亦树塞门；邦君为（wéi）两君之好，有反坫（diàn）。管氏亦有反坫，管氏而知礼，孰不知礼？"

疏通文义

"管仲"姓管，名夷吾，春秋时期齐国人，是齐桓公的宰相，辅佐齐桓公成为"春秋五霸"之首。"器"指气量、度量。

"俭"指的是节俭。

"三归"的意思历来解释颇多：有的说是娶了三姓的女子；有的说指的是三处豪华的公馆；有的说是指市租的十分之三，因为有记载称当时市租的十分之三归于朝廷。总之，这句话表示管仲十分富有。

"官事"指的是他下属的人员，"摄"是兼任的意思，"官事不摄"指他下属的人员又从不兼差，一人一职，这会导致官员人数众多，不能使人力得到有效利用。

"然则"的意思是"既然（这样），那么……"。

"邦君"指国君。"树"在这里不是我们常说的树木的意思，而是设置、建立的意思。"塞门"指照壁、屏风之类的设置，用以间隔内外的视线。"亦"是也的意思。

"为两君之好"中"为"是动词成就、促成的意思，"两君之好"指的是同别国国君建立友好关系。"反坫"指诸侯宴会上一种为表示礼仪而设置的土台子，用来放置酒杯等器物。这两句是说管仲和国君有着同样的设置配备，这是不符合礼制的。

"管氏而知礼"中的"而"，在这里是一种比较少见的用法，是一个假设连词，意思是如果。

整体翻译

孔子说："管仲的气量太小了。"

有人问："那管仲节俭吗？"孔子说："他收取了百姓大量的市租，他下属的人员又从不兼职（导致官员的人数多过实际需要），怎么能说他节俭呢？"

那个人又问："既然这样，那么管仲懂得礼吗？"孔子说："国君的宫殿门前立了一道影壁，管仲府的院内也有影壁。国君设宴招待外国君主，堂上有放置酒杯、器皿的土台，管仲也有这样的设置。如果说管仲知礼，那么还有谁不懂得礼呢？"

领悟真义

在这里，孔子从一个侧面批评了管仲。但从现实功绩来讲，孔子也无法否定管仲的丰功伟绩，他在《宪问篇》中曾评价管仲"相桓公，霸诸侯，一匡天下，民到于今受其赐"，可见孔子总体上对管仲是肯定和表扬的。在这里，孔子只是从侧面借由管仲生活奢靡、不知礼两方面来批评了他气量小的缺点。相当于是说管仲虽政绩卓绝，可惜内在修养还不够，气量小，目光短，贪图外物，离圣贤还是差一步啊。这是孔子对管仲客观的评价。

在古时，人们对于"器量"二字非常重视。唐高祖在位时，魏徵（zhēng）任太子洗马，是太子李建成的心腹。他曾经劝太子先下手为强，除掉李世民。后来经历玄武门之变，李世民当上了皇帝，便召见魏徵责问他为什么挑拨自己与太子的关系。魏徵从容地回答说："太子若是听了我的话，哪里会有今日之祸。"李世民听闻觉得魏徵是个难得的诤（zhèng）臣，便升他为谏议大夫，两个本来对立的人却由于李世民的大度而冰释前嫌，这也是李世民能成为千古一帝的重要因素之一。

23

音乐演奏的道理

子语（yù）鲁大（tài）师乐（yuè），曰："乐其可知也。始作，翕（xī）如也；从（zòng）之，纯如也，皦（jiǎo）如也，绎（yì）如也，以成。"

"语"在这里用作动词，读四声，意思是对……说、与……谈论。"大师"即太师，乐官之长的名称。"乐"即音乐。这句话是说孔子跟鲁国的乐官谈论音乐演奏的道理。

"知"是了解的意思，"乐其可知也"的意思是音乐演奏的道理是可以了解的。

　　"始作"指开始演奏的时候。"翕如"是聚合、协调的意思。

　　"从"同"纵"，是放纵、展开的意思，这里指音乐展开之后。"纯"是和谐、美好的意思。"皦"是清晰、节奏分明的意思。"绎"是连续不断的意思。

　　"以成"指的是直到演奏结束。

整体翻译

　　孔子跟鲁国的乐官谈论音乐演奏的道理，说："音乐演奏的道理是可以了解的。开始的时候，乐器合奏，声音协调地聚合在一起；乐曲展开以后，声音和谐，节奏分明，连续不断，直至演奏结束。"

领悟真义

音乐可以陶冶情操，辅助修德。这段文字可以理解为孔子跟乐官在闲聊。孔子是一个精通音律的人，他的这句话讲出了乐曲的一般套路，分析了乐曲演奏的起、承、转、合——开始时，各种乐器配合默契，做到八音和谐一致；接着，曲调展开，变得清新有致、节奏分明；而后，乐声悠悠，不绝如缕；最后，戛然而止。

孔子把没有形质的音乐用语言描绘得如此明白、生动，呈现了音乐演奏的一般要领，也体现了他学识的渊博和精深。那他为什么对"乐"研究得这么透彻呢？这是因为礼乐不分家，研习乐的目的在于以乐辅礼。在不同场合使用的礼乐，能起到烘托气氛、熏陶情感的作用，这种作用是潜移默化的，古代统治者显然深谙此道。

24

是金子总会发光的

仪封人请见，曰："君子之至于斯也，吾未尝不得见也。"从者见之。出曰："二三子何患于丧（sàng）乎？天下之无道也久矣，天将以夫子为木铎（duó）。"

疏通文义

"仪"是魏国地名。"封人"指的是镇守边疆的官员。"请见"指请求孔子的接见。

"君子之至于斯也"中，"之"是一个没有实际意义的助词，起到取消句子独立性的作用；"至于斯"是来到这里的意思。这句话的

171

意思是：来到这个地方的有道德、有学问的人。

"未尝"就是未曾、不曾的意思。"不得见"是不去求见的意思。

"从者见之"的意思是孔子的随行弟子引他见了孔子。

"出"指的是面见完孔子出来之后。

"二三子"是诸位、各位的意思。"患"是担心的意思。"丧"是失去官职的意思。

"无道"可以理解为道德沦丧、政治黑暗。"夫子"此处指孔子。"木铎"是铜制的以木为舌的大铃，外面是铜，里面是木头，是古代发布政令时所用的器物。这里把孔子比作木铎，是想表示依靠孔子来警醒民众，号召天下。

整体翻译

仪这个地方的边防长官请求孔子接见他，说道："只要是来到这个地方的有道德、有学问的人，我没有不求见的。"孔子的随行弟子引荐他去见了孔子。出来以后，他对那些学生讲："你们何必为没有官位而忧愁呢？天下道德沦丧已经很久了，因此上天将把你们的老师作为警醒民众的木铎，来号召天下。"

领悟真义

这句话描述的事情发生在孔子被免官周游列国之时，当时孔子已经非常有名气了，慕名前来请教他的人有很多。

仪封人也是其中之一。他在见到孔子之后，十分佩服孔子的为人

和学问，甚至一度把孔子当成是向世人传道的圣人。

　　这位请见孔子的仪封人也是一个能人，只要听到有本事的、贤德的人来到他的封地，他就一定要去拜见。可想而知，他的见闻得是十分广博的。这样一个有见识的人在与孔子见面之后，更加发自内心地欣赏孔子，甚至认为大家都不用因为没有官做、政治黑暗而忧愁了，因为孔子会为大家指明方向，可见孔子的人格魅力有多大。

25

《韶》与《武》

通读正音

子谓《韶》（sháo）："尽美矣，又尽善也。"谓《武》：
"尽美矣，未尽善也。"

疏通文义

"《韶》"相传是舜时的乐曲名。"美"指乐曲的旋律美。"善"
指乐曲的内容美。

"《武》"是歌颂周武王的乐曲，周武王是依靠武力讨伐商纣
王获得天下的，所以孔子认为此乐曲的旋律美妙，但内容却不够
完美。

整体翻译

孔子谈到《韶》乐时，说："旋律优美到极致了，内容也美到极致了。"在谈到《武》乐时说："旋律美，只是内容不是十分的美好。"

领悟真义

这里孔子想说的是：为什么《韶》的乐曲尽善尽美，而周武王虽然也是一代圣君，但《武》的内容却还是差一点呢？

因为舜是一个圣人，他的地位不是靠武力获得的。他心和气和，而天地也以和应之，他的舞乐，"格神人，舞鸟兽"，平和安详，妙不可言。而武王是靠杀戮取得威望的，虽然也是救人民于水火之中，但他的杀伐之气太重，歌颂起来，怎么也不算尽善，因此孔子觉得这样的乐曲还是有一点不完美的。

在孔子看来，礼乐制度的核心在于"仁"，不够"仁"的内容自然就不够"美"。

26
君主之德

子曰："居上不宽，为礼不敬，临丧不哀，吾何以观之哉！"

"居上"指身处高位。"宽"是宽厚的意思，这里指对下属宽厚。

"为礼"指举行典礼仪式。"敬"是恭敬严肃的意思。

"临丧"指参加葬礼。"哀"是悲伤哀痛的意思。

"吾何以观之哉"的意思是这些行为我怎么能看得下去呢。

整体翻译

孔子说："居于统治地位而不能宽宏大量，举行典礼仪式时不恭敬严肃，参加丧礼时不悲伤哀痛，这些行为我怎么能看得下去呢？"

领悟真义

这里孔子从三个方面说明了为人之道。一是一个人如果身处上位，那他就要有宽人之心，对待属下要宽宏大量。如果不能做到对属下宽宏，那他就不配做君主。二是在举行仪式的时候，一定要有敬畏之心，不能表演，不能只是为了举行仪式而举行仪式，否则便不能体现对敬拜之人或神的尊重。三是参加葬礼时要能真切地表达自己的哀痛，而不是走个过场。

在很多人眼里，礼制是一套烦琐的仪式，在政治运作中没什么实用价值。这其实是对礼制的误解。礼制既有外部形式的一部分，但这种形式亦是内在情感的投射。所以，心中对天地有敬畏、对君主长辈有敬重、对朋友下属有信义的人，自会有礼。

知识
拓展

宽人之心

　　东汉末年，袁绍与曹操这两个人在政略和用人方面有着鲜明的区别。袁绍表面上有些小聪明，但实际上却是个爱猜忌、气量小的人。他虽然喜欢招揽贤才，却很少听取他们的合理建议。而曹操则与之相反，他在宽以待人这一方面做得很好。官渡之战后，他宽恕了与袁绍暗通款曲的朝廷官员，在极大程度上获得了广大士人和军民的拥戴。此外，他还任用了写檄文大骂自己的陈琳。

　　可见，居上以宽有时候比绝对的政治军事力量还要有用。所以懂"礼"固然有其烦琐的一面，但其珍贵的精神价值不可忽视。

里仁篇

01
要居住在讲仁义的地方

子曰："里仁为美。择不处（chǔ）仁，焉得知（zhì）？"

疏通文义

"里"指的是古代时居民聚居的地方，这里用作动词，表示居住的意思。"仁"在这里指讲仁义的地方。"里仁为美"的意思是居住在讲仁义的地方才好。

"择"是选择，"处"是安置、居住的意思，"择不处仁"的意思是选择住处时没有能居住在讲仁义的地方。

"知"同"智"，指明智。

整体翻译

孔子说："要居住在讲仁义的地方才好。选择住处时没有能居住在讲仁义的地方，哪能算得上明智呢？"

领悟真义

首先，这句话中，孔子强调了在个人成长中外部环境的重要影响。在他看来，一个人的道德修养，与外部的人文环境密切相关。

我们把这句话放在日常生活中运用一下。过去是二十五家为一里，包括现在很多街道也是用"里"字来命名的，比如"湖湾里""北海里"等。"里"还表示邻里关系。现在的很多人在选择"邻居"上也是煞费苦心，比如我们选择学区房，首先是希望孩子能够受到很好的教育，再者就是希望能够让孩子接触到更多优秀的邻居，在更好的环境中成长。

"孟母三迁"就是环境塑造人的一个典型故事，孟子之所以能成为大儒，可以说与他生长、学习的环境有着重要的关系。

让人比较可惜的是，现在很多人都是住在高楼大厦里面，对自己的邻居可能并不熟悉。这样一来，可能我们正和仁德高尚之人相邻居住，但却把他们屏蔽了。所以，在生活中，可以适当地打开自己的心扉，主动认识邻居，如果遇到邻居就友好地打个招呼，让这种仁德之美得以发扬光大。

知识
拓展

孟母三迁

"孟母三迁"的故事就很好地说明了这一点。孟子很小的时候，他的父亲就去世了，母亲靠纺织麻布来维持生活。孟子自小就非常聪明，看到什么就学什么。

起初孟子家住在墓地附近，总有送葬的队伍吹着喇叭经过他家门口，孟子于是学着吹喇叭，领着一群孩子玩送葬的游戏。孟母十分重视孟子的教育问题，看到孟子如此不学好，便赶紧搬家到了城里，住在了屠宰场的旁边。孟子每天都到屠宰场去看杀猪，没过多久他竟然能帮着杀猪了。孟母非常着急，赶忙又搬家，这次搬到了学堂附近。孟子开始每天跑到学堂外面，跟着学生们一起读书，慢慢变得有礼貌了。孟母很欣慰，安心定居下来。老师看孟子聪明好学，也让孟子进学堂读书。孟子没有辜负孟母的期望，最后成为一代大儒。

性相近，习相远。相信我们后天的努力会改变我们的一切，努力学习，努力让自己变成理想中的样子。

02

仁者安仁，知者利仁

子曰："不仁者不可以久处约，不可以长处乐。仁者安仁，知（zhì）者利仁。"

疏通文义

"约"是穷困潦倒的意思，"久处约"指长期处于穷困之中。"长处乐"则指长久处于安乐之中。

"安仁"就是安于实行仁德。

"知"同"智"，指明智；"知者"就是明智的人。"利仁"指认为仁有利自己才去行仁。

整体翻译

孔子说："不仁德的人，不可能长久处于穷困当中，也不可能长久处于安乐之中。仁德之人安心于实行仁德，明智之人明白实行仁德对自己有好处才去实行仁德。"

领悟真义

为什么不仁德的人不能长久生活在穷困当中呢？因为一旦长时间生活在穷困中，不仁德的人很容易就会丢掉自己的原则，不择手段地去改变自己穷困的生活环境。那为什么他们也不能长期生活在富贵安乐的环境中呢？因为安逸富足的生活过久了，不仁德的人就容易产生贪念，滋生骄奢淫逸之心。永不知足，又怎么会觉得快乐呢？

"仁者安仁，知者利仁"，这句话突出地强调了孔子主张做人要以仁为本的思想。仁者宅心仁厚，实行仁德只求心安理得；而智者是知道实行仁德对自己有好处，所以才去实行仁德。所以说，我们如果做不了具备仁德之心的人，那就做一个聪明人，两者都能施行仁；但不能做小人。君子和小人追求的都是一件事，那就是心安，但是，小人追求的心安是损人利己，而仁德之人追求的心安是惠及众人，两者的价值观完全不同。所以孔子是希望我们注意个人的道德操守，在任何环境下都做到矢志不移，保持气节。

03

客观评价他人

子曰："唯仁者能好（hào）人，能恶（wù）人。"

疏通文义

"好"指爱好、喜欢。"恶"指厌恶。

整体翻译

孔子说："只有讲仁爱的人，才能够正确地喜爱某人、厌恶某人。"

领悟真义

君子的好恶，应该以"仁"为准绳。好恶之心人人都有，但是君子和小人不同。对君子来说，喜欢的就要发扬光大，不喜欢的就要适时制止，如果其他人做了错事，君子一定会纠正对方；但是小人的好恶是为了私利，做事不论对错，只看是不是对自己有利，所以小人容易做出错误的事情。比如，同样是赚钱，君子会选择通过自己的本事光明正大地来赚钱，小人却会通过欺诈甚至偷盗来获取金钱。有句话说，如果每个人都有一颗仁德之心，把自己的好恶表现出来，那么这个社会将会更加光明和进步。这正是孔子所讲的"为仁者爱憎分明"的价值观。

知识拓展

王珪识人

唐朝贞观年间，有一个叫王珪（guī）的谏官，识人能力很强，善于评价他人，而且尽职尽责，向皇帝提出过很多建议，都被采纳了。

有一次，太宗皇帝让王珪（guī）评价几位朝中大臣，王珪说："兢兢业业地处理国家大事，做事果断精明，我比不上房玄龄。既能带兵又能治国，文韬武略俱佳，我比不上李靖。

奏章严密清楚，言行有理有据、没有疏失，我比不上温彦博。处理纷繁复杂的事务，有条有理，万无一失，我比不上戴胄。"

太宗听了深以为然，被王珪评价的这些大臣听后无不大为叹服，认为王珪的评价客观公正。然后太宗笑着说："你评价他们倒是评价得很到位，那你说说你自己呢？"王珪说："虽然那些方面我不如他们，但是对于弘扬正气、惩恶扬善这方面，我比起各位，也有我自己的独到之处！"

王珪之所以能对诸君子做出如此中肯的评价，在于他能正确认识他人，能做到心底无私。也正因为这一点，唐太宗才会重用他，封他做谏官，并感慨地说："王珪如果能一直做谏官，那我必是永无过失啊！"

这件事充分证实了孔子的观点，也提示我们，要对他人做出客观评价，应从自身做起，以符合道义的标准待人接物。

04

勿以恶小而为之

子曰："苟志于仁矣，无恶也。"

"苟"是如果、假若的意思，"志"是立志、有志于的意思，"苟志于仁矣"就是说如果立志追求仁德。

"恶"这里指的是不好的事和行为，"无恶"就是不会去做坏事。

整体翻译

孔子说："如果立志追求仁德，就不会去做坏事。"

领悟真义

在这句话中，孔子强调的还是仁德的重要性。他认为一个人如果立下一生追求仁德的志向，以仁德的标准要求自己，这样的人是不会做坏事的。

知识拓展

许衡不食梨

给大家讲一个追求仁德的故事，主人公许衡是元朝的一位理学家。有一天，许衡在炎炎夏日里行走，口干舌燥，这时候他看到路旁有一株梨树。路上的所有人都争先恐后地去采摘，只有许衡一个人坐在那里不为所动。有人问他为什么不去摘来吃，他说："不是自己的不能摘。"周围的人都说："这棵梨树无主，你又何必在意呢？"他回答说："这棵梨树是无主的，但我的心是有主的。我不能随意拿别人的东西。"

很多人在为人处事时，总会觉得犯一点小错没什么大不了，殊不知"勿以恶小而为之"，不好的习惯和行为是会累积的，就像衣服上扯开的口子，一点一点最终会把衣服完全扯坏。所以我们一定要严于律己，不做坏事。这是这个故事，也是孔子想告诉我们的道理。

05

君子爱财，取之有道

通读正音

子曰："富与贵，是人之所欲也；不以其道得之，不处也。贫与贱，是人之所恶也；不以其道得之，不去也。君子去仁，恶（wū）乎成名？君子无终食之间违仁，造次必于是，颠沛必于是。"

疏通文义

"富与贵"我们现在往往连起来说"富贵"，其实两者有些差别，"富"指有钱财，"贵"指有权势，也可以理解为做大官。"人之所欲"的意思是这是每个人都向往的。

"以"是用的意思，"道"指的是符合道义的、正当的方式，"不以其道得之"就是没有用正当的手段得到。"处"是接受的意思。

"贫与贱"指贫困和卑贱。"人之所恶"指这是每个人所厌恶的。

"不以其道得之，不去也"中的"得之"，应该改为"去之"，这里应该是说不用正当的方式把贫贱抛掉，君子是不去这样做的。"去"是抛弃、摆脱的意思。

"君子去仁"的意思是君子背离了仁的准则。"恶乎"也作"恶呼"，是一个疑问代词，意思是如何、怎么。

"终食之间"指的是吃一顿饭的时间，"违"是违背、离开的意思，"无终食之间违仁"的意思是即便吃一顿饭的时间也没有离开仁德。

"造次"是仓促、紧迫的意思。"必于是"的意思是必然与仁德同在，"是"在这里是一个代词，代指仁德。

"颠沛"指的是四处奔波、流离失所。

整体翻译

孔子说："金钱和权势，是每个人都向往的，但是，以不正当的手段得到它们，君子不会接受。贫困和卑贱，是人们所厌恶的，但是，不通过正当的途径摆脱它们，君子是不会摆脱的。君子背离了仁的准则，怎么能够成名呢？君子即便吃一顿饭的时间也没有离开仁德，即使在匆忙紧迫的情况下也必然与仁德同在，在颠沛流离的时候也必定和仁德同在。"

领悟真义

　　每个人都需要物质来支撑生活，在孔子看来，人们追求财富和权势，来提高自己的生活水平，这不是坏事，而是一种天性。但必须注意，"君子爱财，取之有道"，财富和地位要用正当的手段来获得，才是值得敬佩和学习的；如果用不正当的手段来获得，那是违背仁德的，君子不会这样做，也不会享受这样得来的富贵。同样，远离贫贱也是每个人都有的追求，但也必须通过正当的手段来消除贫贱，而不能损人利己。我们在任何时候，哪怕是吃一顿饭的时间里都不要违背仁德，要让自己吃的每一顿饭都无愧于心。即便是在艰难不顺的境遇里，也不背离仁德。

知识拓展

拾金不昧

给大家讲一个秀才何岳拾金不昧的故事。

有一次，何岳走夜路捡到了二百余两白银，这在古代可不是一笔小数目。他家贫穷，这些银子够他家好久的用度了。但何岳是一位正人君子，他没有把钱昧下，而是想着一定要找到失主。不过这件事他对自己的家人却只字未提，因为他担心家人会想留下这笔钱。从这里也能看出何岳是个有大智慧的人，对自己有着很高的道德要求，但是他并不寄希望于别人都能和自己一样，不苛求别人也有君子的仁德之行。后来，何岳找到了白银的失主，失主要给他一部分白银作为报酬。何岳毅然拒绝了，并表示自己捡到钱没人知道，要是他想要这些钱就都是他的了，全部的钱他都没有要，又怎么会贪图这些报酬呢？

这就是"君子爱财，取之有道"，何岳对待金钱的态度以及他做事的方法都值得我们学习。

06

自觉实行仁德

子曰："我未见好仁者，恶（wù）不仁者。好仁者，无以尚之；恶不仁者，其为仁矣，不使不仁者加乎其身。有能一日用其力于仁矣乎？我未见力不足者。盖有之矣，我未见也。"

"好"是喜好、喜爱的意思。"恶"是厌恶、讨厌的意思。

"尚"即"上"，是超过、更好的意思，"无以尚之"的意思是没有比这更好的了。

"为"是践行、实行的意思，"其为仁矣"是说他们实行仁德。

"不使不仁者加乎其身"中，"不使"就是不让的意思；"不仁者"并非指不仁德的人，而是指不仁德的事物；"加"是影响的意思。这句话的意思是：不使不仁德的事物影响到自身。

"用其力"的意思是使用自己的力量，"于"是"在"的意思，"用其力于仁"是指把自己的力量都用在仁德方面。

"力不足者"指的是力量不够的人。

"盖有之矣"中的"盖"是副词，用在句首，表示推测，可以理解为大概、也许的意思；"之"则是代词，代指"其力于仁"这样的人。

整体翻译

孔子说："我从未见过喜爱仁德的人和厌恶不仁德的人。喜爱仁德的人，那就没有比这更好的了；厌恶不仁德的人，他实行仁德，（只是）不让不仁德的事物影响到自身。有谁能有一天把他的力量都用在仁德方面吗？我没见过力量不够的人。大概有这样的人吧，只是我没有见过罢了。"

领悟真义

孔子在这里批评了当时的人不能实行仁德，他直接说自己就没有见过喜爱仁德的人和厌恶不仁德的人。在他心中，真心喜爱仁德，可以说是至高的思想境界了，没有比这个更好的；而厌恶不仁德的人，虽差一些，但也是好的，他们实行仁德，可以不让不仁德的事情影响自己，虽不能像喜爱仁德的人一样，以"兼济天下"为己任，但是起码能做到"独善其身"了。但是孔子说，他连这种人都没有见到，也没有见过愿意坚持一天去实行仁德的人。

当然，孔子这样说可能有些夸张了，他自己、他的学生，还有当时很多贤者都是在实行仁德的。孔子之所以发出这样的感叹，也是对当时礼制崩坏、人心不古的一种担忧。他更多的是想强调，对仁德的修养，要靠个人自觉的努力。仁德并不是天生就有的，需要后天不断地修炼才能达到。孔子认为每个人都有实行仁德的力量，只是看自己愿不愿意这样去做；一个人只要愿意去实行仁德，就可以达到仁的境界。

07
观错而识人

子曰："人之过也，各于其党。观过，斯知仁矣。"

"过"是过错的意思，"党"是类别的意思。这句话的意思是：同类的人往往犯相同的错误。

"观过"就是观察一个人的过错。

"斯"是则、就的意思；"仁"同"人"，这里指的是一类人。"斯知仁矣"的意思是就可以知道他是哪类人。

197

整体翻译

孔子说："同类的人往往犯相同的错误。仔细考察他所犯的错误，就可以知道他是哪类人了。"

领悟真义

孔子通过这句话，是想告诉我们，观察一个人在哪些方面会犯哪些错误，就可以看出他心目中仁义的分量了。这个方法有着出人意料的准确性。人能通过行为举止来掩饰自己的内心，但很难在犯错上掩饰自己人性的善恶、性格的缺陷以及情感的好恶。当然，判断者也要多读书，因为如果判断者的价值观有问题，他们的判断就会出差错。所以我们在判断别人如何之前，首先也要想一想我们自己是什么样的人。

李密就是一个典型的"由错误见人品"的例子。隋朝末年，杨广无道，天下大乱，当时涌现了许多起义领袖，其中以李密势力最大。但后来，许多杰出的人才都离开李密，转投入李渊门下。他们之所以这样抉择，就是出于从李密所犯过的错误中对其做出的判断。

瓦岗寨本是翟让建立的，翟让见李密才高志大，便推举李密为主。但后来，由于翟让贪财求货，李密便设计诱杀了翟让的全家和亲信。这说明李密残忍并有失道义。后来，魏徵、程咬金、秦叔宝等都相继离开李密，李密最终失败了。这也验证了通过其所犯错误可以准确判断一个人的道理。

08

孔子对"道"的追寻

子曰："朝（zhāo）闻道，夕死可矣。"

疏通文义

"朝"是早晨的意思。"道"指道理、真理。"夕"则是晚上的意思。

整体翻译

孔子说："早晨知道了事物的道理，即便当晚死去，也是值得的。"

领悟真义

这是一种非常极端的表述，说明了孔子对人生大道精神的高度重视。这里的"道"，不是指明白了一个做事的道理、做人的道理，而是指关于人生的大道理。

屈原曾经说过："路漫漫其修远兮，吾将上下而求索。"屈原为了"道"，一生颠沛流离。孔子一生也在追寻这个"道"。那么，这个"道"到底是什么？有人说孔子的"道"就是"为天地立心，为生民立命，为往圣继绝学，为万世开太平"，让我们的后代可以去学习先人的精神和文化。所以孔子施行的"道"，就是把尧、舜、文王、武王、周公的"仁政"之道发扬光大，让后人都明白这些道理。

孔子一生都希望把"道"传播于世，遗憾的是在礼崩乐坏的时代里，孔子的"道"并不适应当时的社会状况，所以始终没能施行。因此，孔子在这里发表了对人生的感叹。这对于孔子来说，是一件非常遗憾的事情。但今天不再有遗憾了，我们学习《论语》，就是学习孔子传递的"道"。

人类有别于动物，因为人类能认识世界，掌握自然规律，并能利用掌握的规律为人类的生活服务，所以"闻道"很重要。领悟了生活的真谛、宇宙中的真理，才是不虚此生。

09

做人真正的追求

子曰："士志于道，而耻恶衣恶食者，未足与议也。"

疏通文义

"士"指的是有一定社会地位或修养的人，更普遍一点来说可以指读书人。古代有四民，分别是士、农、工、商。"志于道"就是有志于追求真理。

"耻"是"以……为耻"的意思，"恶"是坏、粗陋的意思，"耻恶衣恶食"的意思是把吃得不好、穿得不好当作耻辱。

"足"是值得的意思，"议"指谈论、论道。

整体翻译

孔子说："读书人追求仁义之道，却把吃得不好、穿得不好当作耻辱。这样的人就不值得与他谈论真理了。"

领悟真义

这里的"道"指的是有追求，有使命感。孔子认为，作为"士"，你要知道自己的使命，知道自己读书是为了什么，知道自己的位置，不要跟别人去攀比。所以孔子认为，判断一个人是不是仁义之士，不要只看他读了什么书，还要看他做了什么事、说了什么话，他的价值观是什么。

就像是五代时后晋高祖石敬瑭，他本可以称得上是一个有理想、有勇气、有谋略的人，他的一生，在卖国称王之前还是很让人佩服的。可惜后来他因贪图荣华富贵而成为无道之人，在战乱频发之际，他为了借助契丹的援助，认贼作父，割让燕云十六州给契丹，将北方百姓置于契丹的铁蹄之下，使得家国不全，在历史上留下了永久的骂名。这就是因为他被贪婪的私欲控制了灵魂。

从常理上说，喜欢物质享受并没有什么错，但关键在于心灵上如果缺少道义的指引和约束，人们往往会陷入对奢靡生活的痴迷追求中，从而被物欲所控制，进而做出有违仁义的事情。只有对精神层次的追求超过对物质的追求时，我们的生命才会富有价值和意义。

10

君子要通权达变

子曰："君子之于天下也，无适也，无莫也，义（yì）之与比（bì）。"

疏通文义

"之于天下也"是说对于天下之事。

"适"是亲近、厚待的意思，"无适也"就是说没有特别亲厚向往的事情，可以理解为没有一定要做的事情。一说读作"dí"，同"敌"，仇恨的意思。

"莫"是冷漠、疏远的意思，"无莫也"就是说也没有特别冷漠

讨厌的事情，可以理解为没有一定不要做的事情。一说读作"mù"，同"慕"，羡慕的意思。

"义"同"宜"，是适宜、合宜的意思；"比"读四声，是靠近、为伍的意思，这里可以理解为"去做、去实行"。"义之与比"的意思是：只考虑怎样做合适，就怎样做。

整体翻译

孔子说："君子对于天下的事，没有一定要怎样做，也没有一定不要怎样做，只要考虑怎样做合适恰当，就怎样做。"

领悟真义

孔子认为君子是要通权达变的，意思是能适应客观情况的变化，懂得变通，不死守常规。《孟子·公孙丑上》曾评价孔子说："可以仕则仕，可以止则止，可以久则久，可以速则速，孔子也。"是说孔子能够灵活应对现实的情况，能出仕就出仕；在鲁国做不了官也不固守在那里，而能够去周游列国寻求实现政治理想的机会；最后理想实在实现不了了，也能退而著书，把自己的思想理论传给后人。这就是君子通权达变的典范。

与之相比，不食周粟而死的伯夷和叔齐，自刎于乌江的霸王项羽，虽然他们坚持原则的行为让人敬佩，但可以说是不够机变了。就像杜牧在《题乌江亭》中对项羽表达的感叹："江东子弟多才俊，卷土重来未可知。"项羽若能放下"无颜面对江东父老"的执念，说不定也能有卷土重来的一日。而相对于固执的项羽，机变的刘邦可就太适合在混乱的天下时局中脱颖而出了。可以说，出身农家，只做着一个沛县泗水亭长的刘邦，最终能够在众多反秦义军中胜出，打败项羽，一统天下，与他机变的处事风格是分不开的。

做人，要有原则，这种原则以理想为驱动，以仁德为内核，但不能变为死板的做事要求。毕竟世事无常，不是所有的事情都有能遵循的套路和模板，所以我们在做事的时候一定要灵活应对。也不要因为一次打击就一蹶不振，只要时间在前进，事情就会不断发展，未来就有无限可能，千万不要给自己设限。

11

建立正确的价值观

子曰："君子怀德，小人怀土；君子怀刑，小人怀惠。"

"怀"是心怀、关心的意思。

"德"指的是道德修养。"土"指的是土地，土地是财富的象征，这里可以解释为实际利益。"刑"指的是法令制度。"惠"指的是利益。

整体翻译

孔子说："君子心怀道德修养，小人关心实际利益；君子关心法令制度，小人关心实惠私利。"

领悟真义

孔子通过这句话告诉我们，君子关心"德"，关注的是自己的内在；小人关心"土"，关注的是住得怎么样，吃得怎么样，生活得怎么样。君子关心国家的法度，不能犯法；小人则关心怎么为自己谋取更多的私利，才不管犯不犯法。所以，小人和君子的区别不只在于道德标准和人生的追求，他们的思维方式也是不一样的。

唐德宗时期，由于德宗过度掠夺，而且刻薄寡恩，引起了兵变。叛乱平息后，许多地方官员为了讨好皇帝，搜刮民脂民膏，向皇帝进献财物。当时，江西观察使李兼每月都要向皇帝进献，称"月进"；剑南西川节度使韦皋（gāo）每天向皇帝进献，称"日进"。他们这样媚事皇帝，既是为了保全自己的官职爵位，也是为了借机搜刮百姓，中饱私囊。这就是典型的小人做派，既是"怀土"又是"怀惠"。

所以，君子与小人之所以行为差别很大，原因在于内心的追求不同。而这种追求，显然是价值观的体现。孔子在提醒我们，应建立正确的人生观和价值观，有高尚的追求，让自己活得更有意义。

12

重义而轻利

子曰："放（fǎng）于利而行，多怨。"

"放"读"fǎng"，是依据、凭借的意思。"利"是指个人利益。
"行"是行动的意思。"放于利而行"的意思是依据个人的利益去做事。
"多怨"指会招致很多怨恨。

整体翻译

孔子说："依据个人的利益去做事，会招致很多怨恨。"

领悟真义

孔子一直认为，"义"是排在"利"之前的，一个人行事一定要注重"义"，也就是要注重道义，要有原则，不能自私自利、朝令夕改。如果一个人做事时总是计较个人利益的得失，总是把自己获利作为行事的标准，而不顾他人的利益，甚至为此损害他人的利益，那这样的做法自然会招来别人的怨恨，这样的人也就不配被称为君子。

知识拓展

重义轻利的张良

古代重义轻利的一个典型人物是张良。张良一直以大义为先，不重视钱财利益。他是第一个执行刺杀秦始皇计划的人，因为秦始皇灭了对张家恩重如山的韩国，致使他家破人亡，因此他发誓一定要报仇。于是他变卖家产筹集金钱，寻求愿意舍命的刺客，最终找到了一位挥动铁锤的大力士，埋伏起来刺杀秦始皇，虽未成功，但震动天下。

后来，张良成了刘邦的首席谋士。他算无遗策，帮助刘邦打下了江山，刘邦赏赐了他很多金银财宝。不过张良将这些金银财宝都用在了政治大事上，比如结交项伯，这才让刘邦在鸿门宴上逃过了一劫。

　　汉朝建立之后，刘邦封赏有功之人，让张良在齐国最为富裕的地方挑选三万户，但是张良只要了第一次见到刘邦时的一个小小的留县。刘邦认为给张良的奖赏不够，想要多给他一些封地，但被张良拒绝了。反观韩信，他想要得到齐王的爵位，这也是他自取灭亡的原因之一。

　　由此可见，将"义"放在"利"之前才是为人做事的正道。将义做到位后，获得利对于君子来说就是水到渠成的事了。

13

以礼治国是大道

子曰："能以礼让为国乎？何有？不能以礼让为国，如礼何？"

"以"是用的意思。"礼让"指的是按照礼的原则来谦让。"为"是治理的意思，"为国"就是治理国家。

"何有"是春秋时代的常用语，这里是"有何困难"的意思。

"如礼何"的意思是：又怎样来对待礼制呢？

211

整体翻译

孔子说："能用礼让的原则来治理国家吗？这有什么困难吗？如果不能用礼让的原则来治理国家，又怎么来对待礼制呢？"

领悟真义

我们都知道孔子是非常崇尚礼制的，因为只有以礼治国，大家做事才有标准、有尺度；只有人人都做到了谦和有礼，才能避免争权夺利带来的社会斗争和国家战争，让社会恢复稳定和平，人民都能安居

乐业。

礼让也是人际交往中很重要的一项原则。懂礼让，才能尊重他人，才能让大家发自内心地表现出和谐友爱。

知识
拓展

孔子断讼

孔子主政时，曾经处理过一桩特殊的诉讼。一个父亲，因为财产问题起诉了自己的不孝子。说来也怪，孔子对待此事的态度却出奇的冷漠。他下令把这两个人关进大牢，但并没有追究他们的责任。三个月过去了，这件事也就不了了之了。

此时，许多人都在纳闷，为什么一向勤于政事的孔子，现在却如此懒散。三个月之后，事情有了转机，那位父亲要求撤销诉讼。原来，这对父子被囚禁在监狱里之后才知道，原来自由是如此宝贵。他们自然后悔，后悔自己浪费了那么多时间，还被关进了监狱里。在这三个月中，他们一直都在反思自己，对自己做出的错误行为感到后悔。孔子一听这位父亲要撤诉，二话不说，就把父子二人释放了。

季孙氏听闻这件事后很生气，他质疑孔子说："大司寇，你这件事做得不对啊。以前你告诉我，治理国家、管理家族必须要重视孝道，那在这起案件里，不是应该直接杀掉这个不孝顺的儿子吗？这才是重视孝道的表现啊，你为什么把他们都放了？"

孔子听后感慨地说："上位的人做事不符合道义而去杀害下位的人，这并不符合礼制。不教化百姓懂得孝道而任由他们坐牢，这是在杀害无辜的人。"

这也是孔子"以礼治国"的一种表现。孔子主张"不学礼，无以立"，认为如果只是用政令和刑罚来治理百姓，那么百姓可能不犯法，但是也并不能从内心中知道荣辱；只有用德行和礼制来教化百姓，百姓才能真正从内心中知道荣辱，而不做出错事来。

14

厚积才能薄发

子曰："不患无位，患所以立。不患莫己知，求为可知也。"

疏通文义

"患"是忧愁的意思，"位"指的是官位、职位，"不患无位"的意思是不发愁没有职位。

"立"指的是安身立命，"所以立"就是指足以安身立命、胜任职务的本领。

"莫己知"是一个宾语前置句，是"莫知己"的倒装，意思是没人知道自己。

215

"求"是追求的意思，"求为可知也"的意思是追求能使别人知道自己的本领。

整体翻译

孔子说："不愁没有职位，只愁没有足以安身立命、胜任职务的本领。不愁没人知道自己，只追求能使别人知道自己的本领。"

领悟真义

这是孔子强调过很多次的，不用担心自己没有施展才华的机会，只要担心自己是不是真的有才华就行了，要专注于提升自己的能力。千里马终将会遇到属于自己的伯乐，但前提是你要将自己打造成"千里马"。

这里给大家讲一个孔子后裔的弟子——倪宽的故事。

带经而锄

倪宽自幼聪慧，但因为家境贫寒，一直没有钱去上学。为了获得学习的机会，倪宽去了郡国学校的厨房帮人做饭。他还经常被雇佣去做一些短工，每次到田里劳动的时候，他都会在锄头上挂上《五经》，闲暇之余，就仔细研读。这就是成语"带经而锄"的由来。

之后，倪宽拜在孔子后裔、西汉经学博士孔安国门下。因此，他在经学，尤其在《尚书》研究方面的成就颇高，并被当时的郡国选为博士。再之后，他被汉武帝赏识，负责治理京城长安所在的关中地区的民政。

所以，你看，厚积才能薄发。要想得到重用、发挥自己的才能，一定离不开日积月累的学习。

15
忠恕之道

　　子曰："参（shēn）乎！吾道一以贯之。"曾子曰："唯。"

　　子出，门人问曰："何谓也？"曾子曰："夫子之道，忠恕而已矣。"

　　"参"指的是曾参，也就是曾子。曾氏，名参，字子舆，被后世尊称为"宗圣"，儒学五大圣人之一，孔庙四配之一。

　　"道"是学说的意思。"一以贯之"是"以一贯之"的倒装，意思是由一个基本原则贯穿起来，其中"贯"是贯穿、贯通的意思，如以绳穿物。

"唯"表示应答声，一般是用于回应长者，表示恭敬。

"子出"就是说孔子走出去以后。"门人"指的是孔子的学生。

"何谓也"是说：这是什么意思呢？

"忠"是尽心为人的意思。"恕"是推己及人的意思，用孔子自己的话说，叫"己所不欲，勿施于人"。据朱熹注，"尽己之心以待人"叫作"忠"，"推己及人"叫作"恕"。

整体翻译

孔子说："曾参啊，我的学说是由一个基本原则贯穿起来的。"曾子说："是的，我明白。"孔子走出去以后，其他学生（向曾子）问道："这是什么意思？"曾子说："老师的学说，讲的就是忠和恕罢了。"

领悟真义

这句话意味深远。"忠"指的是自己想要的也努力帮助别人得到，积极为人。"恕"指的是自己不喜欢的也不要强求别人喜欢，宽以待人。如果"忠""恕"都做到了，这个人就是一个仁德之人了，所以"忠""恕"要求的其实是自己。

那要怎样要求自己呢？我们在生活中，做事情要忠于内心的想法，全心全意，竭尽全力做好。自己喜欢的，要考虑别人是否也会喜欢；自己讨厌的，要考虑到别人是否也会讨厌。这样在与人的交往中，怀着善待、包容和宽恕的心与对方相处，就是"忠恕"了。

16

正确的义利观

子曰："君子喻于义，小人喻于利。"

"喻"是通晓、明白的意思。

整体翻译

孔子说："君子通晓的是大义，小人通晓的是小利。"

220

领悟真义

这句话告诉我们，所谓君子，可以不被利益所迷惑，不会迷失方向，能始终坚持自己的使命。而小人追求利益，为了利益可以做出各种"努力"，损人利己，但是最终往往适得其反，在泥潭中越陷越深。

孟子说过，听到鸡叫就起来孜孜不倦行善的，是舜这一类人；听到鸡叫就起来孜孜不倦求利的，是跖（读 zhí，民间传说中春秋时期率领盗匪数千人的大盗，全名盗跖）这一类人。而舜和跖的区别，就在义和利之间。

这种义利观在中国历史上影响深远，也警示我们在追求利益的同时，要以义为原则来规范自己的行为。

17
见贤思齐

子曰："见贤思齐焉，见不贤而内自省（xǐng）也。"

"贤"指的是有贤德的人，"齐"是看齐的意思，"见贤思齐"
就是看见贤德的人就想着向他看齐。

"省"指反省、检查自身，"自省"就是自我反省的意思。

整体翻译

孔子说："看见贤德的人，应该想着向他看齐；看见没有良好道德修养的人，要赶紧反省自己有没有跟他一样的毛病。"

领悟真义

自我反省是道德修养的一种方法，《论语·为政》篇中提到，曾子每日都要"三省吾身"，看看自己有没有做得不够好的地方。很多人能做到见贤思齐，向比自己优秀的人学习；但是看到没有良好道德修养的人，却很少有人回去反省自己是否有和他一样的毛病。

我们在提升学问、道德的过程中，自省有着重要的作用。这方面，我们要向苏轼好好学习。

苏轼年少时，他的母亲程氏教他读《后汉书》。书中的《范滂（pāng）传》讲了东汉时期的名士范滂的故事，他因为官清廉正直而得罪了权贵，被下令逮捕。许多人劝他逃走，但范滂的母亲却劝他慷慨赴义。苏轼为范滂母子大义凛然的精神所感动，就问自己的母亲："如果我做官像范滂一样，母亲将如何呢？"程氏回答说："你要是能像范滂一样为国尽忠，我难道不能像他的母亲那样吗？"

苏轼母子的这番对话，就是典型的见贤思齐。我们在生活中也需要践行这个道理。

18
真心对待，委婉劝说

通读正音

子曰："事父母几（jī）谏。见志不从，又敬不违，劳而不怨。"

疏通文义

"事"是侍奉的意思。"几"是轻微、婉转的意思，"谏"指劝告，"几谏"就是委婉地进行劝告。

"见"是看见的意思。"志"这里指的是自己的意见，也就是"几谏"中所谏的内容。"从"则是听从、采纳的意思。

"又"是一个副词，表示情况的持续，相当于"仍然"。"敬"指恭敬地对待。"违"指顶撞。

"劳"指忧虑。"怨"指怨恨。

整体翻译

孔子说："做儿女的侍奉父母，如果发现他们有什么不对的地方，就应该婉言相劝。如果发现自己的意见没有被父母所采纳，仍然应该恭敬侍奉，不要顶撞他们。尽管内心忧虑，但是对父母并不怨恨。"

领悟真义

这句话讲的是孩子与父母的关系和相处方式。在家庭生活中，家人之间产生一些矛盾是很正常的事情，但是有的子女面对父母的苛责会心生怨恨。在孔子看来，这样做是不孝顺的。子女发现父母有不当的举止时，可以用婉转的方式劝说父母，帮助他们改正错误。同时还要注意，在对父母进行劝说时，子女一定得注意自己的态度，不要觉得自己"英明"而父母"无知"，不要表现出轻视的样子。而即便自己的建议没有被父母采纳，子女也要合理表达自己的情绪，不要顶撞乃至怨恨父母。

知识拓展

乐羊子妻

《后汉书》中记载了这样一则故事。

战国时的乐羊外出求学，很多年未归家，家里的日子非常清苦。有一天，乐羊的母亲嘴馋，就把邻家的鸡偷来宰杀了。乐羊的妻子知道后很不满意，但她并没有正面提出批评。

当婆婆把鸡肉端上桌的时候，她伤心地哭了起来。婆婆很奇怪，问她为什么哭，她答道："因为家里穷，我没侍奉好您，才让别人家的肉上了咱们家的桌，我是为此而伤心啊！"婆婆听后，觉得十分惭愧。

乐羊的妻子规劝自己的婆婆，采用委婉的方式，从关心、爱护的角度出发，因此也得到了好的效果。所以，我们在与父母产生矛盾时，无论用什么方法来解决，都要以尊重父母、不伤害父母的心为前提，否则会适得其反。

19

常回家看看

子曰："父母在，不远游，游必有方。"

疏通文义

"游"指的是游学，有两层意思：一是远游到异地，从师求学；二是以所学游说诸侯，求取官职。

"方"一说方向，即已定目标的地点；二说方圆，即一定的范围。

整体翻译

孔子说："父母在世的时候，子女不要远离家乡；如果一定要远行，也必须要有一定的目标和方向。"

领悟真义

在孔子生活的时代，交通并不便利，如果出远门，可能一走就是几年，所以，孩子在走之前一定要让父母知道自己去了哪里。父母需要孩子回家乡的时候，孩子也一定要尽力赶回家。因为那时的通信手段并不发达，这样做也是为了避免父母生病或者去世孩子却不知道的悲剧发生。

孔子讲究孝顺，不是指孩子要为父母做出多大的贡献，而是要先做到不让父母为自己操心，这其中必然包括始终让父母知道自己的音信，以免父母胡乱担心、劳心伤神。而到了今天，通信变得发达了。只要一条短信、一个电话，就算你在地球的另一端，也能"天涯若比邻"，远游不会再造成那么大的阻隔。只是，人情却不能因此越来越淡薄，孩子与父母之间的交流不能只剩下一个空中的电波和屏幕上的符号，我们应学会关心父母，与父母常联络。

之后一章（子曰："三年无改于父之道，可谓孝矣。"）是重出，不再详细讲解。

20
把孝顺铭记在心

通读正音

　　子曰："父母之年，不可不知也。一则以喜，一则以惧。"

疏通文义

　　"年"指年龄。

　　"以喜"指的是为了他们的长寿而高兴；"以惧"指的是因为他们年事已高而担忧。

整体翻译

孔子说："父母的年纪，不能不记在心上。一方面因为他们的长寿而高兴，一方面因为他们年事已高而担忧。"

领悟真义

在孔子生活的时代，人的平均寿命很短暂，可能当子女想要尽孝时，父母已经不在了。所以孔子说子女要谨记父母的年纪，既能为他们的长寿而高兴，也要因他们日渐年老而心生担忧，从而及时尽孝。

为人子女者，父母的生日是哪一天，他们今年多大年纪，这两个问题，恐怕不是每个人都能回答上来的。然后我们再来对比一下，我们的父母，有哪个说不出孩子的年龄和生日呢？所以想一想，我们对父母的爱也许远远不及父母对我们的爱。

有句话叫"子欲养而亲不待"，我们应在父母有生之年献上真挚的孝心，不要到失去之时再追悔莫及。曾有人说，人世间最不能等的不是机会，也不是商机，而是孝敬父母。我们应该把孝顺铭记在心。

21
做人要诚实守信

子曰："古者言之不出，耻躬之不逮（dài）也。"

疏通文义

"古者"指的是古人，更具体的是指古代的君子。"言之不出"的意思是话不轻易说出口。

"耻"是以……为耻；"躬"指自己、自身，这里指自身行动；"逮"是赶上、做到的意思。"耻躬之不逮"的意思是以自身行动跟不上说的话为耻。

232

整体翻译

孔子说："古代的君子不轻易发言表态，因为他们认为话说出口但行动跟不上是非常可耻的。"

领悟真义

孔子认为，古代的君子不轻易许下诺言，因为一旦许下诺言却无法实现，是十分可耻的。所以在孔子的眼中，做人应当谨言慎行，不要轻易地对他人做出许诺。

生活中，我们总会说一些客套话、场面话，大家都习惯了，对方也不当真。但是如果我们从今天开始改变思路，把自己说的话都落实，这样别人也会逐渐把我们的话当真，给予我们更大的信任和尊重。很多时候，之所以别人不把我们的话当回事，就是因为我们自己说的话和做的事不匹配，如果想让别人把我们的话当回事，那么首先我们说的话和行动就必须匹配起来。答应别人的事就用心去履行，诚实与信誉可以为我们赢得良好的人际关系，帮助我们走向成功。

22
严于律己

子曰："以约失之者，鲜（xiǎn）矣。"

"以"这里可以理解为"因为"，"约"指约束，"失"是犯错
的意思。"以约失之者"指的是因为约束自己的言行而犯错误的情况。
"鲜"就是少的意思。

整体翻译

孔子说："因为约束自己的言行而犯错误的情况，是非常少的。"

领悟真义

孔子的这句话是想告诉我们，如果我们不能约束自己，那就会经常犯错。比如在生活中，有些人沉迷于饮酒，酒后精神松懈，自制力变差，不知做出多少错事，甚至酒后驾车，酿成大祸。

宋代理学家朱熹讲："君子慎（shèn）其独，非特显明之处是如此，虽至微至隐，人所不知之地，亦常慎之。小处如此，大处亦如此，显明处如此，隐微处亦如此。表里内外，精粗隐显，无不慎之。"换作现代的话讲，就是自律。不管是明面上，还是暗地里，不管是大事还是小事，都能谨慎对待，要做到严于律己，才能减少过失。

23

多做少说是为人处世的重要准则

通读正音

子曰："君子欲讷（nè）于言，而敏于行。"

疏通文义

"讷"是出言迟钝的意思，这里可以理解为沉稳。"敏"是敏捷、快速的意思。

整体翻译

孔子说："君子说话要沉稳，做事应该勤勉。"

领悟真义

孔子通过这句话告诉我们，真正品德高尚的人，说话是非常稳重的，而且做事是走在语言前面的。也就是说，我们不要把话说得太多、太满，而是要努力行动。

行动敏捷，言语跟在行动的后面，这才是诚实可靠的，才是实实在在的君子所为。做人不是看这个人怎么讲，而是看这个人怎么做。

孔子的这句话，可以作为我们为人处世的重要准则之一。不该说的话不要说，想说的话也要经过仔细斟酌后再说，这才是比较高明的交际手段。空话废话，说得再多也毫无意义，最终只能使自己成为别人的笑柄，就像是纸上谈兵的赵括。

24

做好人，交好友

通读正音

子曰："德不孤，必有邻。"

疏通文义

"德"这里指有道德的人。"孤"就是孤单的意思。"邻"可以引申为志同道合的人。

整体翻译

孔子说："品德高尚的人不会孤独，一定会有志同道合的人来跟他为伴。"

238

领悟真义

俗话说，"物以类聚，人以群分"，如果一个人品德高尚，那么他也会吸引品德高尚的人跟他做朋友。而且，人都会倾向于和品德高尚的人做朋友，毕竟没有人喜欢提心吊胆的生活。

而没有德行的人，大家都会争相远离他。比如大家熟知的故事——武王伐纣中的纣王，是殷朝最后一代君王，以残暴闻名，所以他的朝廷中的一些大臣都逃跑了。《史记》中记载："太师疵、少师强抱其乐器而奔周。"这些大臣都逃到了周武王的国家。由此可见，丧失德行之人，往往众叛亲离。所以我们更应该注重品德的修养，德行所指，人心所向，自古以来都是如此。

25

保持适当的距离

　　子游曰："事君数（shuò），斯辱矣；朋友数（shuò），斯疏矣。"

疏通文义

　　"数"是频繁、屡次的意思，还有一种说法是密切、亲密的意思；"事君数"就是频繁给君主进谏，或者说侍奉君主过于亲近。"斯"是连词，没有什么实际意义。"辱"不是侮辱，而是遭受侮辱的意思。

　　"朋友数"就是劝告朋友过于频繁，或者说与朋友过分亲密。"疏"是被疏远的意思。

240

整体翻译

子游说："进谏君主过于频繁（或侍奉君主过于亲近），就会遭受侮辱；劝告朋友过于频繁（或与朋友过分亲密），反而会被疏远。"

领悟真义

这里的"事"不是单纯的接触的意思。这句话说的是，侍奉君主的时候，有些人无休无止地劝谏君主，这很容易惹怒君主，招来逆鳞之祸。或者按照另一种解释，有些人是用讨好、谄媚的方式取得君主的欢心，而非凭借本事和才能取得官职地位，这样的人很容易被冷落、抛弃，遭受侮辱。而在和朋友相处的时候，也应当与对方保持好适当的距离，给双方都留下一些私密的空间，这对双方的交往很有利。这也是一个很有智慧的做法，防止我们"好心办坏事"。

所以我们做事的时候要做到适可而止，与人保持适当的距离。注重人际交往中一个"度"的问题，这也是为人处世之道。